하모니엄
Harmonium

Wallace Stevens

월리스 스티븐스
정하연

하모니엄
Harmonium

므음올

일러두기

· 이 책은 *Harmonium* (Alfred A. Knopf, 1923)을 저본으로 삼고 *The Collected Poems of Wallace Stevens* (Vintage Books, 1954)를 참고했다.
· 원문의 이탤릭체는 고딕체로 표시했다.
· 원문에 사용된 프랑스어, 독일어 등은 옮긴이의 주와 함께 책 끝에 밝혀놓았다.

아내에게

차례

11	지상의 일화
13	백조 향한 독설
14	캐롤라이나에서
15	볼품없는 나체 봄 항해 나서는 길
17	거인에 맞선 음모
19	바다의 공주
20	검정의 지배
22	눈 사람
23	평범한 여인들
26	사탕수수 한 보따리
27	우리 아저씨 외알 안경
35	윌리엄스에 의한 주제의 뉘앙스 두 편
36	거물의 은유
38	쟁기질하는 일요일
40	여기 묘사된 인물은 성녀 우르술라와 동정녀 일만 일천 명
42	잠든 해안에 핀 히비스커스
43	플로리다 야수 우화
44	제네바에서 온 의사
45	흐느끼는 또 한 여인
46	난쟁이 그리고 아름다운 별
49	알파벳 C로 그려낸 코미디언
80	돈 주스트의 괴로움에서 인용
81	오 플로리다, 성^性스러운 땅
83	마지막 바라본 라일락
85	천국의 문 앞 지렁이
86	산토끼
87	계곡의 촛불
88	수천 명 사내의 일화

90	빈센틴에게 바치는 돈호頓呼
92	바나나에 꽃 장식
94	칸나의 일화
95	구름을 칭하는 방식에 대하여
96	천국을 무덤으로 여기는 일에 관하여
97	사물의 표면에 관하여
98	왕자 공작새 일화
100	목청 높은 기독교 노파
102	외알박이 보금자리
103	흐느끼는 시민
105	형이상학자 집에 걸린 커튼
106	진부한 체류
107	봄에 앞선 우울
108	아이스크림의 황제
109	쿠바 의사
110	훈의 궁에서 차 마시는 시간
111	열 시의 환멸
112	일요일 아침
119	등불 들고 가는 처녀
120	탤러푸사의 별
122	설명
123	의미심장한 풍경 여섯
127	소나무 숲속 당닭
128	항아리 일화
129	아가들 궁전
131	개구리는 나비를 먹고. 뱀은 개구리를 먹고. 돼지는 뱀을 먹고. 사람은 돼지를 먹고
132	버드나무 아래 재스민의 아름다운 사색
133	로젠블룸을 위한 장례 행렬
136	문신
137	예리한 구릿빛 발톱 지닌 새

139	삶은 움직임
140	방향 바꾸는 바람
141	폴란드 이모와의 대화
142	미련퉁이 노래
143	진한 보랏빛 밤의 두 형상
145	가설
146	상상의 음악 속 그대에게
148	수박 정자에서 들려오는 송가
150	건반 연주하는 피터 퀸스
155	검정새를 바라보는 열세 가지 방법
159	절묘한 방랑자
160	인두가 좋지 않았던 남자
161	어느 병사의 죽음
162	부정
163	초인의 놀라움
164	구름 가득한 바다 표면
171	혁명가들 가던 길 멈추고 오렌지에이드 마시다
173	뉴잉글랜드 운문 몇 편
177	달의 환언
178	단조로움의 해부
180	공공 광장
181	한스 크리스티안에게 바치는 소나티나
182	이 맑은 포도의 계절에
183	노퍽의 두 사람
185	인디언 리버
186	차
187	으르렁대는 바람에게
188	주註
191	옮긴이의 말
193	편집 후기

지상의 일화

수사슴 무리 달가닥 달려
오클라호마 넘을 때면
불괭이 한 마리 털 세우며 가로막았다.

어디든 가는 곳마다
달가닥 달려가다,
방향 틀었다
날쌔고 둥근 줄 그리며
오른쪽으로,
불괭이 때문에.

혹은 방향 틀어
날쌔고 둥근 줄 그리며
왼쪽으로,
불괭이 때문에.

수사슴 무리는 달가닥 달렸다.
불괭이는 벌떡
오른쪽으로, 왼쪽으로
뛰어오르다

털 세우며 가로막았다.

그 후, 불괭이 그 환한 눈 감고
잠들었다.

백조 향한 독설

영혼은, 오 거위들이여, 공원 너머 날아올라
저 멀리 바람의 불협화음 너머로 향한다.

하강하는 태양에서 내리는 구릿빛 비가 표시하는 것은
여름의 죽음, 곧 시간의 인내,

금빛 장식문자와 파포스 풍자화로
나른한 성약 휘갈겨 쓰는 이처럼,

너의 흰 깃털 달에 기증하고
너의 단조로운 움직임 허공에 선사하며.

보아라, 이미 길고 긴 행진에 나선
까마귀 떼 조각상 무리에 새똥을 도유한다.

그리하여 영혼은, 오 거위들이여, 외롭기에,
그대의 서늘한 전차를 넘어, 하늘로 날아간다.

캐롤라이나에서

캐롤라이나에서 라일락이 시든다.
나비 무리 벌써 오두막 위를 파닥이며 난다.
갓 태어난 아이들 벌써 사랑을 해석해낸다,
어머니 목소리에서.

영원한 어머니시여,
어찌하여 당신의 독한 육즙 젖꼭지
이번만은 꿀을 뿜어내나요?

소나무가 내 몸에 달콤함을 더하고
하얀 붓꽃이 나를 아름답게 한단다.

볼품없는 나체 봄 항해 나서는 길

그러나 조개껍질은 타지 않은 채, 출항한다,
태고의 모습으로, 바다를 향해.
그러나 처음 잡초 마주치자마자
반짝이 걷어낸다,
소리 하나 내지 않고, 또 하나의 파도인 양.

그녀 또한 불만 품어
보랏빛 무언가로 팔 덮었을 듯,
소금기 머금은 항구가 지겨워
바닷속 드높은 내면의
짠물과 고함 갈망하며.

바람이 그녀를 재촉하며
그녀의 두 손
그리고 물기 먹은 등에 밀려든다.
그녀는 구름을 매만진다,
원을 그리며 바다를 횡단하는 그녀가 가는 길에.

허나 이는 고작 놀이
종종걸음과 물빛 속에서

그녀 발뒤꿈치에 거품 일며 —
금빛 짙어진 나체와는 달리
어느 훗날

길을 갈 그 모습, 바다초록 장관 한가운데처럼,
강렬해진 고요 속
운명의 설거지꾼,
깔끔한 급류 가로지르며, 멈출 줄 모르는 듯,
돌이킬 수 없는 그녀의 길을 나아간다.

거인에 맞선 음모

첫 번째 소녀
이 무지렁이 지껄이며 다가와
무딘 칼날 갈아대면
나 그자 앞으로 뛰어들겠어
제라늄 또 맡아본 적 없는 꽃에서 뽑은
가장 정중한 냄새 뿌리며.
그럼 견제할 수 있을 거야.

두 번째 소녀
나 그자 앞으로 뛰어들겠어
생선 알만큼 자잘한
알록달록 색 알갱이 헝겊 아치처럼 휘두르며.
그럼 그 실자락들이
그자 당황하게 만들 거야.

세 번째 소녀
오, 오… 가련해라!
나 그자 앞으로 뛰어들겠어
요상한 거친 숨 내뱉으며.
그럼 그자 귀를 접을 거야.

나는 속삭이겠어.
후두음의 세상 속 천상의 순음을.
그럼 그자 무너질 거야.

바다의 공주

그녀의 테라스는 모래
그리고 종려나무 그리고 석양.

손목 움직임으로 그녀가 만들어낸 것은
자신의 사고의
거창한 제스처.

저녁의 창조물 그녀
깃털 헝클어지자
돛의 속임수 되어
바다 위에 펼쳐졌다.

그리하여 그녀 배회했다
부채의 배회 속에서
음미하며,
이 바다 그리고 저녁 시간,
이리저리 흐르며
침잠의 소리 내뱉는 것을.

검정의 지배

한밤중, 불가에서,
덤불과 낙엽의
갖가지 색
되풀이하며
방 안에서 뒤쳤다,
잎사귀들
바람에 뒤치듯.
그래. 그러나 무성한 독미나리 색
성큼성큼 다가왔다.
그리고 나는 기억 속 공작새들 울음 떠올렸다.

공작 꼬리의 여러 색은
석양의 바람,
그 바람에 뒤치는
잎사귀 같았다.
그 방을 휩쓸었다
독미나리 가지에서 날아
땅으로 내려오듯.
울음소리 들렸다 — 공작새 울음.
그것은 석양에 맞선 울음인가

아니면 잎사귀에 맞선 울음인가,
바람에 뒤치는 잎사귀,
불 속에서 뒤친
불꽃이 뒤치듯,
시끄러운 불 속에서 뒤친
공작새 꼬리가 뒤치듯,
공작새 울음으로 가득 찬
독미나리만큼 시끄러운 불 속에서?
아니면 독미나리에 맞선 울음인가?

창밖으로
행성들 모여드는 모습 나는 보았다
잎사귀들
바람에 뒤치듯 모여드는.
밤이 다가오는 모습 나는 보았다,
무성한 독미나리 색처럼 성큼성큼 다가오는 것
나는 두려웠다.
그리고 나는 기억 속 공작새들 울음 떠올렸다.

눈 사람

겨울과 같이 사고해야 할 듯
서리 그리고 눈 딱딱하게 쌓인
소나무 가지 지켜보려면,

그리고 기나긴 추위 겪었어야 할 듯
얼음 치렁치렁 늘어뜨린 향나무
1월 햇살의 머나먼 반짝임 속 비쭉한 전나무

바라보려면, 그럼에도 바람 소리에서,
몇몇 잎새의 소리에서도,
괴로움 떠올리지 않으려면,

그 소리는 땅의 소리
똑같은 바람으로 가득 찬
똑같이 헐벗은 곳에서 불어오는 바람,

이를 눈 속에서 듣고 있는 이,
그 자신 아무것도 아니기에, 그의 눈에
여기 없는 아무것도 보이지 않고, 보이는 건 여기 있는 아무것 아닌 그것.

평범한 여인들

그리고 그녀들 가난에서 몸을 일으켜,
밭은기침 감기와 기타 사이
휙휙 오갔다
궁전의 벽 관통하며.

지루함은 뒤로 던져두고,
궁핍에 등을 돌린 뒤, 태연히
밤의 복도를
가득 메웠다.

거기 옹기종기 모인 옻칠 칸막이
중얼거리길 징, 그리고 징, 징.
달빛은
긴팔 촛대를 기만했다.

또한 그녀들의 차가운 드레스
퇴창의 늘어진 실안개 속에서
침착한 모습이었다,
그녀들 창턱에서 몸을 기울여

내려다보는 동안, 알파벳을
베타 비 그리고 감마 지를,
그 비스듬히 꼬불거리는 획
익히기 위해

천국의 글씨 그리고 천상의 필체를.
또한 그곳에서 그녀들 부부 침상에 대해 읽었다.
티-릴-로!
그리고 그녀들은 제대로 오래 읽었다.

수척한 기타 연주자들 현 튕겨
웅웅거리길 딩, 그리고 딩, 딩.
달빛은
모래 가득한 바닥에 떠올랐다.

헤어스타일은 점점 얼마나 적나라해져갔나,
다이아몬드 침 핀, 사파이어 침 핀,
정중한 부채에 달린
동전 장식!

욕망의 암시,
막강한 화법, 각각 비슷하여,
심지 없는 복도 향해
탕감을 외쳤다.

그리고 그녀들 가난에서 몸을 일으켜,
밭은기침 감기와 기타 사이
휙휙 오갔다
궁전의 벽 관통하며.

사탕수수 한 보따리

갯벌 위 배 움직임
흐르는 물과 같아,

녹색 참억새 사이
무지개 무리 아래로
흐르는 물과 같아,

야한 치장 하고 뒤치는
새 떼 같은
무지개 무리 아래로

그동안 바람 여전히 휘파람 분다
물떼새처럼

새들이 뱃사공의
붉은 터번에
몸 일으키며 울듯이.

우리 아저씨 외알 안경

"하느님 어머니, 구름의 여왕마마,
해가 왕홀 들고 달이 왕관 쓴들,
그럴 수 없어, 절대, 아니, 아니, 절대 없어,
그토록 날 서게 부딪는 살의 가득한 두 마디를 뱉다니."
이렇게 나는 그녀를 대단히 조롱했다.
아니면 나 스스로를 조롱했을 뿐인가?
생각하는 돌이 되고 싶다.
뿜어 오르는 생각의 바다 다시금
빛나는 거품이었던 그녀 떠오르게 한다. 그 후
내 안의 어떤 짠 내 짙은 우물 속
깊은 용솟음이 물기 먹은 음절을 터뜨린다.

II
빨간 새 한 마리 금빛 바닥 가로질러 날아간다.
이 빨간 새 바람과 젖음과 날개의 합창 속
자신이 합류할 노래 찾고 있다.
마침내 찾아내면 한바탕 쏟아낼 것이다.
심하게 구겨진 이 구겨짐을 내가 펼 것인가?
나는 상속자들 맞이하는 자산가,
이리하여 나는 봄을 맞게 되었다.

환대하는 합창이 나에게는 송별을 노래한다.
봄은 어떤 경우에도 자오선 넘어 이어질 수 없다.
그럼에도 그대는 일화 속 축복 고수하며
별처럼 빛나는 인연을 연기한다.

III
그렇다면 모두 소용없는 일인가, 옛 중국인들
산속 연못가에 앉아 몸단장한 것
또는 양쯔강에 몸 담그고 수염 숙고한 것도?
나는 역사의 낮은 음계를 연주하지 않으리.
알지 않는가 우타마로의 미인들 땋아 내린 머리로
모두 표현하며 사랑의 종말 좇았던 것을.
알지 않는가 산처럼 쌓아 올린 바스 스타일 머리.
아아! 세상 모든 이발사의 삶 헛되어
곱슬머리 한 움큼도 자연에 남지 않았다는 말인가?
그대는 어째서, 숙고에 찬 이 유령들에게 측은한 마음도 없이
자다 깨 머리카락 뚝뚝 늘어뜨린 채 오는가?

IV
이 탐스럽고 흠집 하나 없는 인생의 열매는

자신의 무게로 땅에 떨어지는 듯하다.
그대가 이브였을 때, 그 톡 쏘는 과즙의 달콤함
천상 같은 과수원 공기 속, 누구도 맛보기 전이었다.
사과 한 알은 그 어떤 해골만큼이나
한 바퀴 읽어낼 책 역할 해내며
또한 버금가게 훌륭하다, 그 성분
역시 썩어 땅으로 돌아갈 것이기에.
그런데 하나 해골을 능가하는 점, 사랑의
열매이기에 너무나 터무니없는 책이라는 것,
단순히 소일거리로 읽기 전에는.

V
서쪽 높은 하늘에 맹렬한 별 하나 이글거린다.
그 별 이 자리에 놓인 것은 불같은 소년들 위해
또한 그들 곁에서 단내 풍기는 처녀들 위해.
사랑의 강렬함 재는 잣대는
이 땅의 활기를 재는 잣대와 같은 것.
반딧불이 잽싼 전율의 날갯짓, 나에게는
또 한 해 지나는 시간 지루하게 째깍거린다.
그대는 어떤가? 기억하는가, 귀뚜라미 무리

풀밭의 품에서 키 작은 친척처럼 등장했던
창백한 밤을, 그대의 첫 형상이
그 많은 먼지에 연결된 그대를 짐작하게 해준 그 밤.

VI
남자 나이 마흔에 호수 풍경 그리고 있다면
덧없는 여러 파랑 어우러져야 한다, 하나의
기본 바탕, 보편의 색으로.
우리 안에 끝까지 살아남을 하나의 본질.
허나 우리의 정사에서 정인情人들 그러한
파동 포착하여 숨 가쁘게 대서하길
변덕스런 전환 하나하나 주의 기울인다.
정인들 머리 벗겨지면 정사는 오그라들어
내면으로의 유배 안내하는
나침반과 교과에 기대 강연한다.
히아킨토스 단 한 명을 위한 주제.

VII
천사 태운 노새들 태양 저편에서
불타는 산길 천천히 내려온다.

딸랑거리는 종소리 하강하여 다다른다.
노새 몰이꾼 조심스레 길을 간다.
한편, 백부장들 껄껄 웃으며 쨍그랑대는
거대한 술잔으로 식탁 상판 두드린다.
이 우화, 의미상 도달하는 지점은 이렇다.
천국의 꿀은 올 수도 안 올 수도 있지만,
지상의 꿀은 오는 동시에 간다.
가정해보라 하강하는 배달부들 영원의 꽃으로
활짝 고조된 처녀 하나 수레에 태워 온다면.

VIII
따분한 학자처럼 나는 사랑 속에서
고대적 측면 새로운 사고에 가닿는 것을 본다.
다가오더니 꽃피우고 열매 맺은 뒤 죽는다.
이 하찮은 비유가 진실의 길 하나 드러낸다.
우리의 꽃은 사라졌다. 우리는 그 열매.
금빛 박 두 개 덩굴에서 부풀어 올라
가을 날씨에 서리 뒤집어쓰고
정정한 뚱뚱함으로 일그러져 기괴해졌다.
우툴두툴 줄 가고 갈라진 호박처럼 매달린 우리 둘,

하늘은 소리 내 웃으며 지켜본다
겨울비에 썩어 씻겨내려 껍질로 남은 모습.

IX
이런 시로 오라, 거친 움직임에 가득한 소음과
울부짖음, 알 수 없는 운명
전쟁으로 이뤄내는 사내들의 위험한 생각처럼
빠르고 확실한 충돌로 더욱 요란해지는 그런 시로, 마흔의
신앙을 기념하라, 큐피드의 피후견인이여.
숭엄한 마음이여, 가장 강력한 장치도
그대가 넓히지 못할 만큼은 아닐 것.
나는 놀려댄다, 모든 소리, 모든 생각, 모든 전부를,
궁정 병사의 음악과 태도로
봉헌을 수행하기 위해. 어디에서 찾을 수 있을까?
이 위대한 찬가에 걸맞은 기교를.

X
맵시와 매력 갖춘 이들은 시를 통해
신비한 분출의 기념품 남기며
동시에 모래 가득한 땅 물 준다.

나는 소작농, 그렇고 그런.
나는 마법의 나무도, 향내 품은 가지도,
발그레한 은빛, 주홍 금빛 열매도 알지 못한다.
그럼에도 내가 아는 나무 한 그루
내가 생각하는 그것과 유사한 나무.
거대한 키에, 정수리 한쪽 끝은
모든 새 평생 한 번쯤 언젠가 들르는 곳.
하지만 새들 떠날 때에도 그 한쪽 끝이 나무 젖힌다.

XI
섹스가 전부라면, 누구나 떨리는 손짓만으로
듣고픈 몇 마디 말 인형처럼 내뱉도록 할 텐데.
하지만 주목할 것은 운명의 터무니없는 배반,
우리를 흐느끼고, 웃고, 끙끙 신음하고, 또
애절한 허풍 외치게 하지, 광기 혹은
기쁨에서 제스처를 짜내며, 바로 그 최초의,
최상의 규범은 무시한 채. 고뇌의 시간!
어젯밤 우리 분홍빛 못가에 앉아 있었지,
가지런히 둘러싼 백합들이 휙휙 가르던 밝은 빛
별빛만큼 강렬한데 개구리 한 마리

배 속에서 역겨운 화음 붕붕 울려대고.

XII
파란 비둘기로군, 파란 하늘 맴도는 저 모습
비껴 누운 날개로, 둥글게 빙글빙글.
흰색 비둘기로군, 땅을 향해 파닥이는,
비행에 지친 모습. 어두운 낯의 랍비처럼 나
젊은 시절 오만한 공부 하며 관찰한 건
인류의 본성. 매일 확인한 건
인간은 나의 자잘한 세계 속 하나의 조각이라는 것뿐.
장밋빛 낯의 랍비처럼 그 후 내가 찾아 나선,
지금껏 찾고 있는 건 사랑의
기원 그리고 과정, 그러나 이제껏 알지 못했네,
파닥이는 모든 것 이렇게나 뚜렷한 그늘 있다는 것.

윌리엄스에 의한 주제의 뉘앙스 두 편

이상한 용기
나에게 준 그대, 고대의 별이여.

일출 속에 홀로 빛나라
일말의 기여도 없이!

I
홀로 빛나라, 헐벗은 듯 빛나라, 청동처럼 빛나라,
내 얼굴도 내 존재 내부 단 한 부분도 비추지
않는, 불처럼 빛나라, 아무것도 비추지 않는 거울.

II
일말의 기여도 하지 말라 그대를 제 빛 속에
번지게 하는 어떤 인간성에도.
아침의 키메라가 되지 말라,
절반은 인간, 절반은 별인 존재.
자각의 존재 되지 말라,
과부의 새
혹은 늙은 말 같은.

거물의 은유

스무 명의 남자 다리 하나 건너,
한 마을로 들어서는 것은
스무 명의 남자가 스무 개의 다리 건너,
스무 개의 마을로 들어서는 것,
혹은 한 명의 남자가
단 하나의 다리 건너 한 마을로 들어서는 것.

이것은 오래된 노래
직접 스스로를 드러내지는 않을…

스무 명의 남자 다리 하나 건너,
한 마을로 들어서는 것,
그것은
스무 명의 남자 다리 하나 건너
한 마을로 들어서는 것.

직접 스스로를 드러내지 않지만
그 의미 틀림없는…

남자들의 장화 쿵쿵

다리 판자를 밟는다.
마을의 첫 번째 흰 벽
과실수 사이로 모습 드러낸다.
나는 무슨 생각을 하고 있었나?
이렇게 그 의미 놓치게 된다.

마을의 첫 번째 흰 벽…
과실수들….

쟁기질하는 일요일

흰 수탉 꼬리
바람에 뒤척인다.
수칠면조 꼬리
햇살에 반짝인다.

밭에는 물.
바람은 쏟아져 내리고.
깃털은 타오르며
바람에 휘날린다.

리무스, 뿔피리 불어라!
일요일에 이 몸 쟁기질한다,
북미 대륙을 쟁기질한다.
뿔피리 불어라!

떰-티-떰,
티-떰-떰-떰!
수칠면조 꼬리
해를 향해 펼쳐진다.

흰 수탉 꼬리
달을 향해 나부낀다.
밭에는 물.
바람은 쏟아져 내리고.

여기 묘사된 인물은 성녀 우르술라와 동정녀 일만 일천 명

우르술라, 어느 정원에서
무밭을 발견했다.
바닥에 무릎 꿇고
무를 끌어모아
꽃을 둘렀다,
파랑, 금빛, 분홍, 그리고 초록으로.

붉은색과 금빛 비단옷 입은 그녀
그리고 풀밭에서 무와 꽃으로
만든 제물.

그녀 말하길, "나의 사랑,
님의 제단에
제가 올렸던 것은
들국화와 개양귀비
그리고 장미
4월의 눈처럼 연약한 그 꽃,
그러나 이곳에서는," 그녀 이어 말하길,
"아무도 볼 수 없는 이곳에서는,
풀밭에서 무와 꽃으로

제물을 만들었습니다."
그리고 흐느꼈다
주님께서 수락하지 않으리라는 두려움에.
자비로운 주님은 당신의 정원에서
새로 돋은 잎과 그늘진 빛깔 구하시니
이는 모두 주님께서 생각하신 바였다.
주님께서 그녀의 나지막한 의지,
기도이자 노래 들으시고
미묘한 떨림을 느끼시길,
이는 천상의 사랑도
연민도 아니었다.

이는 글로 남지 않은 이야기
그 어느 책에도.

잠든 해안에 핀 히비스커스

이제 말하지만, 페르난도, 그날
생각은 나방이 펼쳐진 모래 너머
꽃봉오리 사이를 배회하듯 배회하였고,

파도의 움직임 해초 위 또 뒤덮인
돌 무더기 위로 어떤 소리를 내도
가장 나태한 귀조차 방해하지 않았다.

바로 그때 바로 그 거대한 나방
게으른 바다의 파랑 그리고
변색된 보랏빛을 배경으로 몸 접고 누워

앙상한 해안가에서 물이 내는 허튼소리에
귀 막은 채 졸다가
펄럭거리며 일어나 노란 꽃가루 묻은

타오르는 빨강 찾아 나섰다 ― 저 오래된
카페 위 깃발만큼 빨간 빨강 ―
그리고 그곳에서 엄청난 오후 내내 배회하였다.

플로리다 야수 우화

인광체의 범선
야자수 늘어선 해변에서

천국으로 나아간다,
석고 같은 하양과
밤의 파랑으로.

거품과 구름은 하나.
정열의 달괴물 무리
녹아내리고 있다.

그대의 검은 선체
흰 달빛으로 채우라.

영원히 끝나지 않으리
파도의 윙윙거림.

제네바에서 온 의사

제네바에서 온 의사 태평양의 너울 가둔
모래사장 두 발로 쿵쾅 두드리고는
연통형 모자 쓰다듬으며 어깨 위로 숄을 당겼다.

호수 위 사는 그 누구도 이렇듯
길쭉하고 풍성하게 굴러드는 급류 맞닥뜨린 일 없었다,
라신 혹은 보쉬에가 와서 보지 않았다면.

움찔하지 않았다. 여러 형태의 천국을
익히 섭렵한 그는 눈과 귀 압도하는
홍수 앞에서 크게 경이롭지 않았으나

그럼에도 불구하고 부글거리는 그의 생각
빙빙 돌기 시작해 야생의 신탁 받아 적은
이 폐허 같은 폐기 씩씩 뱉어내

급기야 자신의 고향, 그 도시 첨탑들 쨍그랑거리며
비시민적 파멸로 튀어 올랐다.
의사는 손수건 사용하곤 한숨 쉬었다.

흐느끼는 또 한 여인

불행을 부어 내오
지나치게 쓰라려 애도한들
달콤해질 리 없는 당신의 가슴에서.

이런 어둠 속 독이 자라기 마련.
눈물의 물기 속
검은 꽃 피어나고.

존재의 찬란한 이유,
상상력, 우리 사는 상상의
세계 속 유일한 실재

어떤 공상에도 꿈쩍 않는 이 곁에
그대 내버려두어
한 번의 죽음에 그대 찢긴다.

난쟁이 그리고 아름다운 별

바닷가, 이곳 비스케인 치장하는
어린 에메랄드빛 저녁 별,
주정꾼, 시인, 과부,
또 혼인 앞둔 아가씨들 비춰주는 빛.

별빛 아래 억센 물고기 떼
바닷속에서 나뭇가지처럼 등 굽히고
여러 방향으로 향한다
위로 아래로.

이 별빛은 지휘한다
주정꾼의 생각, 과부들 그리고
전율하는 아가씨들의 감정,
물고기 떼의 움직임.

얼마나 기분 좋은 존재인가
이 에메랄드 철학자들 매혹하여
생각 없이 기꺼이 그들 자신의 마음
뒤이은 달빛에 씻어내게 하니,

고요 위해 멈춰 선 한밤중
잠들기 전
이것저것 떠올리며
생각 돌이킬 수 있다는 것 그들은 알기에!

차라리 나은 일, 학자로서
폭 넓은 망토
짙은 커프스에서 골똘히 사고하며
머리와 몸의 털 모두 미는 것.

어찌 보면 철학자의 정부
수척한 도망자 유령이라는 법 없고.
그녀, 알고 보면 음탕할지도
대단한 미인일지도, 열렬하고

비옥하며
해안가 별빛 아래 살기에
그들이 찾는 가장 깊은 선善
가장 단순한 말로 나타날지도.

그렇다면 좋은 빛일 듯,
궁극의 플라톤을 아는 그들,
이 보석의 힘으로
혼돈의 고뇌 진정시키는 그들에게는.

알파벳 C로 그려낸 코미디언

I
상상이 부재한 이 세상

주목. 인간은 그가 속한 땅의 지성이니
최고 권위의 영혼이니라. 말하자면, 달팽이
소크라테스, 맛난 배 노래하는 악사, 원칙이자
법. 그러나 묻는다, 바로 그 가발 쓴
이, 이 바보스런 교사가
과연 바다의 지도자란 말인가? 바다에서 크리스핀
당시 아무래도 의심 자아내는 자였다.
젤라틴과 코르셋, 마을마다 열린 산딸기
가장 잘 보는 눈, 이발사의 눈,
대지를, 간소한 채마밭을,
소박한 누빔 이불 바라보는 크리스핀의 눈
살구 대신 돌고래 무리에 걸렸다,
침묵하는 돌고래들, 주둥이로
콧수염 같은 파도 속 파고든다,
불가해한 세상 속 불가해한 터럭.

각자 파테 한 조각씩 먹는 법, 소금기 적당히, 그렇지.

꼭 이 때문은 아니었다, 잃어버린 땅,
저 바다와 소금 막아주는 아늑한 겨울 자리,
단숨에 뿜어낸 한 세기의 바람 같은 것.
중요한 건 바로, 지울 수 없을 만큼 얼룩으로
뒤덮인, 자신이라는 신화. 크리스핀,
벼룩 같은 류트 연주자, 사기꾼, 귀족,
리본 두른 막대, 펄럭이는 반바지, 중국
망토, 스페인 모자, 위엄에 찬 망설임의
우물쭈물, 심문하는 식물학자,
또한 수줍어 말 못하는 풋내기들 하나하나
기록하는 사전편찬자 그가 이제 자신을 응시한다,
깡마른 선원 바다유리 조각 들여다보는 모습을.
찰칵거리는 음절로 갈라지고 무수한
어조 속 쿵쾅대는 그 어떤 단어
과연 이 역경에 빠진 땅딸보에 어울릴 이름일 것인가?
크리스핀 막강한 힘에 휩쓸려갔다.
자신 안에 아직 남은 삶 전체
귓속에서 퉁기는 하나의 소리로 쪼그라들었다,
도처의 뇌진탕, 철썩 한숨,
지휘봉 찌르는 힘 넘어선 다성음악 되어.

크리스핀 바다에서 장황함 저지할 수 있을까,
묽어진 사실주의자 트리톤의
노년, 파랑 초록 번갈아 투명 천 속으로
녹아 없어지듯? 태양의 연민 향해
속삭이던 말 많고 묽은 노년
밤마다 바다별 집회 열어
달의 달가닥거리는 발길 위에
굽실거리며 누웠다. 트리톤, 자신을
트리톤으로 만들어준 것에서 풀려나, 그 안에 남은 것
희미한 추모의 몸짓뿐,
파도 속에서 마치 팔과 어깨같이,
여기는 바람의 오르내림 속
환각의 뿔피리 소리, 또 여기는
가라앉은 목소리, 둘 모두 기억과
망각의 몸짓, 선율 번갈아가며.

그렇게 구시대의 크리스핀 녹아내렸다.
태풍 속 몸종 폐기된 것이다.
보르도에서 유카탄으로, 다음은 아바나,

그리고 캐롤라이나로. 간단한 유람.
크리스핀, 돌풍 속 작고 보잘것없는 존재이기에,
난류에 자신의 태도 내던졌다.
소금기 그의 영혼에 서리처럼 달라붙어
죽은 바닷물 그의 몸속에서 겨울 이슬처럼
녹으니, 이윽고 가진 것 아무것
없이, 그에게 남은 것 더욱 삭막하고 더욱 텅 빈 자신뿐,
더욱 삭막하고 더욱 텅 빈 세상 속, 태양은
태양이 아니었다, 예배당의 조신한
꽃다발에 드리워진 파리한 파라솔을
건조한 정중함으로 비춘 적 없기에.
그가 삑삑 내는 소리 사이로 트럼펫 하나
천상의 조롱 활기차게 울리니, 크리스핀
내면을 성찰하는 여행자 되었다.

여기 이것이 진정한 사물 그 자체, 드디어
크리스핀 대면한다, 발성 가능한 그것,
그러나 그 말은 빛바랜 어둠 속 뿜어 나와
그의 말과는 전혀 닮지 않은, 가시적인 그것,
무시할 만한 트리톤 제외하면, 주위

다른 곳에 놓인 피할 수 없는 자신의
그림자로부터 자유로운 그것. 단절은
명백했다. 낭만에 대한 최후의 왜곡이
만족을 모르는 이기주의자 저버렸다. 바다는
대지만이 아니라 자아 또한 단절시키니.
여기 이곳의 실재 앞에서 도움은 구할 수 없는 법.
크리스핀은 보았고 크리스핀은 새로워졌다.
상상력이라는 것, 이곳에서는 피해 갈 수 없었다,
자두에 대한 시에서 하나의 포괄적이고 예속적인
마지막 어조가 지닌 엄격한 내핍을.
진부한 삶 흠뻑 적시기, 이제는 부적절한 일 아니었다.
이 천박하고 정열적인 집합은 무엇인가?
어떠한 신속한 파멸에서 나온 것인가?
바람과 구름이 두른 성장盛裝
그리고 완전체 위해 포기한 그 무엇
거대함이 산산이 부서뜨린 수많은 계략 사이.

II
유카탄의 뇌우에 대하여

유카탄에서, 카리브식 원형극장의
마야족 소네트 시인들
그 많은 새매와 매, 초록 큰부리새
그리고 어치가 있음에도 밤의 새에게 호소했다,
마치 오렌지빛 허공 저 높이 나는
산딸기색 풍금새는 상스럽다는 듯.
하지만 크리스핀의 궁핍 극심하여
아무 곳에서나 필요한 지원 찾을 수 없었다.
그는 바다에 의해 선명해진 자,
빛나는 횡단 마친 후
대대적 칭송 얻고, 절박하도록 명백해져,
파도 위 하늘에서의 발견 갓 마친 자로,
신탁의 진동 그를 잠시도 가만두지 않으니.
이에 그는 야만의 색으로 들어갔다.
자신만의 영지에서 이룬 엄청난 성장,
곤충을 청강하던 그가! 사라져가는
가을의 발걸음을 공원에 앉아

점잖은 우울로 바라보던 그가, 매년
봄에 바치는 이행연구二行聯句로
심오한 기쁨에 대한 논문 지어내던 그가,
항해 중 뱀의 나라에 멈춰 서자
자신이 겪은 우여곡절 자신의 우려
크게 키워, 침울한 구겨짐 속에
뒤엉키게 하고, 모든 욕망 힘겹고 낯설어졌음을
알게 된 것이다, 이는 그의 궁핍의 흔적.
그의 상태는 다른 자유인과 마찬가지,
울림 깊은 견과 껍질 속에서 달가닥거리듯.
그의 격렬함 강해지기 위함이지
잠에서 반쯤 깨었을 때 음악이 주는
그런 혼미함을 노리지는 않았다. 그가 감지하길
그의 열정에는 급작스런 냉랭함 따르며,
자신의 깃펜으로 끄적거리는
우화 속에서만, 토종 이슬 속에서만 그러하기에,
그 미학은 거칠고, 다채롭고, 길들여지지 않아,
얌전 떠는 이들은 믿기 힘든, 흙의 통화通貨이자
녹색 야만이 뒤집는 패러다임.
크리스핀은 호기심에 찬 산책을 예견했던 것이다,

아니, 더 숭고하게, 광포한 운명 감지했다,
또한 광포한 힘과 고통,
또한 이제껏 보지 못한 아름다운 발가벗음,
최대한 활용할 것은 종려나무의 흉포,
용설란이 피워내는 유령 같은 두툼한 꽃
비추는 달빛, 또한 검은 표범의 발소리.
환상 그리고 그에 걸맞은 시
마치 교섭하는 두 영혼처럼, 대서양
귀퉁이의 광채로 가꾼 모습 하고 다가와,
크리스핀과 그의 깃펜 질의하게 했다.
그러나 그들과 교섭하는 이 땅은
절벽의 삐쭉한 초록 잔물결 너무나 빽빽하고,
보랏빛 풀밭 속 똬리 튼 뱀의 친족
또한 피신처에서 정글 냄새 풍기는
주홍 왕관과 너무나 얽혀 있으며,
부리, 봉오리, 또 열매같이 덩어리진 껍질
노랑 파랑 초록 빨강 줄무늬 너무나 가득 그어져 있어,
그 땅 마치 비대해진 씨앗의 몸싸움
가득한 축제 같았다, 과즙 넘치도록 풍요로워
황금의 모성적 온기 속 팽창하는 땅.

그건 그렇고. 이 다정한 이민자
앵무새 꽥꽥거림 속 새로운 실재를 찾았다.
그러나 하찮은 일이기에 지나쳤다. 자, 이제 이 이상한
탐험가 항구 거리 가로질러
시공회당, 그리고 성당
외관 시찰하며 기록하던 중, 우르릉
소리, 멕시코 서쪽에서 오는 듯한 소리 들었다,
허풍스런 북소리처럼 몰려오는 울림.
흰색 시공회당에 어둠 내려, 하늘만큼
시무룩해진 건물 날쌔게 이어지는
그림자에 처연히 삼켜버렸다.
우르릉 소리 내려앉으며 퍼져갔다. 바람은
격정의 클라리온, 묵직한 울음으로
뭉툭한 우레 몰고 왔다, 바순에
퍼붓는 음악의 보복보다 더 끔찍하게.
팔 흔들어대는 번갯불, 신령스러운 기운으로
창백한 펄럭임 만들었다. 크리스핀, 이 시점에 도주했다.
주석 다는 이도 양심은 있는 법.
다른 이들과 함께 성당에서 무릎 꿇었다,
광포한 운명의 감식가,

절묘한 사고 인지했기에. 이 폭풍은
여러 동일한 선포 중 하나,
그가 앞서 배운 것보다 더욱 가혹한 선포를 하고 있었다,
추운 밤 간판의 훌쩍임 들으며
또는 창유리 덮은 한여름 열기의
기교에서 배운 것들. 이것이 바로 몸종이
소유하고자 하는 힘의 범위, 가장 본질적
사실, 불카누스의 울림,
표현에 시기심 불러일으키는 바로 그것.

그리하여 여전히 지붕 위 빗발 웅웅 쏟아지는 동안
그는 안데스의 숨결을 느꼈다. 그의 생각 자유롭고,
자유로움 이상으로 고무되어, 골똘하고 심오한 동시에
자신을 사로잡은 하나의 자아에 몰두하고 있었다,
그가 출항한 케케묵은 동네에서는
자신 안에 없었던 자아. 그의 뒤편, 저 너머 서쪽에는
산더미 같은 산마루, 보랏빛 난간,
그 속에서 천둥, 박수 치기를 깜박하니
그 소리의 거대한 떨림 내려와,
크리스핀 다시 고함치게 하였노라.

III

캐롤라이나에 도달하며

달빛의 책은 아직 완성되지도
제대로 시작되지도 않았지만, 그렇게 되면, 자리 남겨두어라
달의 불 지피는 섣단 크리스핀을 위해,
그는 순례길의 소란 속
땀나는 변화 섭렵하면서도 결코 잊을 수 없었다,
잠들지 못하고, 또는 명상의 수면 속에서
시무룩한 시구들이 이윽고 기꺼이
깊고 나른한 노래 버텨냈던 시간들.
그러므로 아직 완성되지 않은 그 책에 자리 남겨두어라
어느 대륙 위 크리스핀의 머릿속에
한때 타올랐던 그 전설적 달빛을 위해.
그에게 아메리카는 항상 북쪽이었다,
북서이든 서북이든, 어쨌든 북쪽이기에
북극에 가까운, 보랏빛 북극, 냉기 가득하고
길게 늘어진, 강인한 거품 품은 바다로부터
솟았다 쓰러지다, 평평하게 쇠퇴하면 끝없는
바위 절벽 펼치는, 북풍 안개 속 달빛에

차갑게 잠겨 반짝거리는 대륙.
그곳에서 봄은 반쯤 녹은 서리 막의
쨍그랑거림 속에 오고, 여름은,
결국 오기는 온다면, 물기 속에서 휙 지나갔다,
겨울의 빈 자리 돌아오기까지 무르익지 못한 채.
이곳의 도금양은, 도금양이 과연 꽃을 피우기는 한다면,
마치 허공에 핑크빛 빙하 떠 있는 모습.
키 작은 녹색 야자수 해 질 녘 어스름한 얼음 속에서
검푸른 자오선에 차갑게 부딪쳤다,
침울한 명암 대비, 수척하게 그려낸 듯.

얼마나 많은 시를 스스로 삼갔던가,
전진에 집중하는 동안, 그가 바라는
가차 없는 접촉에 미치지 못했기에,
얼마나 많은 바다가면을 외면했던가, 귀의 단련
위해 막아낸 소리들, 격리된 신부
병들게 하는, 닳아빠진 계집과도 같은 생각들,
추방했던 그 선율들!
어쩌면 북극 달빛이 정말 선사했는지도 모른다,
이 관계, 자신과 환경이 맺은

이 황홀한 관계에, 주된
동기였을지 모르는, 최초의 기쁨을,
그에게, 동시에 그만이 아닌 모두에게. 그가 보기에는
환상에 불과한 듯, 흐릿하고, 달보다 안개에 가까우며, 비뚤어져,
가던 길 벗어나 북경으로 향하는 것만큼 잘못된 일,
자신의 주제를 상스러움으로
상정한 그에게는, 자신의 주제이자 노래이자 공상을
열정적으로 까탈 부리는 나이팅게일 한 마리로 상정한 그에게는.
달빛은 모면에 불과, 아니, 그게 아니라면,
하나의 사소한, 안이하고 정교한 만남.

그리하여 그는 이어지는 자신의 항해를 이렇게 이해했다
다른 두 환경 사이의 오르내림,
해와 달 사이의 왕래,
또 이번 항해처럼, 마귀의 소행에 따른
금빛 그리고 붉은빛 형상으로의 여행,
또한 달빛과도 같은 습성의 탐닉으로의
귀환 또는 침몰과도 같은 퇴각.
그러나 이러한 뒷걸음질이 아무리
그를 유혹해도, 크리스핀은 알았다

생기 회복하기 위해 그에게 필요한 것은
무성한 열대라는 것, 어떤 풍성한 지역,
까칠하고 고집스런, 빽빽하며 조화롭고,
그러나 그 조화로운 화음 고상하거나
지나치게 정중한 폐쇄음 내는 억압의 악기에
제한되지 않은 그런 곳. 그리하여 그는 뒤척였다
약간은 유치하고, 구시대적 충동이 깃든
오래전의 캐롤라이나와,
뱃머리 저 건너 그의 눈에 들어온 대로 작성한
신중하고 가시적인 현재 사이에서.

그가 왔다. 시적 영웅 그가, 종려 가지도
마술도 없이, 휘장도 없이.
오면서 계절이 봄인 것 알 수 있었다,
허무주의자 혹은 비옥한 최저치
찾는 이에게는 불쾌한 절기.
달빛 소설은 사라졌다. 봄은,
이슬과 때 이른 향기 덮인
베일로 말쑥하게 차려입고 겨루었지만,
근육질 벗은 몸 찾는 그에게는

그저 반짝이는 꼭두각시일 뿐. 강줄기 하나
배를 내륙으로 밀고 갔다. 그는 코 치켜들어
산패한 송진 내 들이마셨다, 축축해진 판자의
건장한 냄새, 창고 문에서
뿜어대는 내음, 노끈의 힘찬 기운,
자루의 부식, 그리고 그의 거친 미학을
무르익게 할 모든 지독한 악취.
그는 감각주의자처럼 고약함을 음미했다.
부둣가 둘러싼 축축한 땅,
꿈틀대는 철도선, 썩은 울타리에 표시 남겼다,
대단한 이 년 차를 위한 교과인 양.
정화의 과정이었다. 보이는 것 중 얼마나
많은 것을 그가 전혀 보지 못하는지 보여주었다.
그는 더욱 면밀히 이해할 수 있었다, 바로 그 본질적 산문
이렇게도 조작된 세상 속에서
그가 누릴 단 하나의 고결한 진실임을,
여전히 가능한 단 하나의 발견임을,
그 안에서 모든 시 나온다는 것을, 그 산문
결국 시의 외피 입지 않는 한.

Ⅳ
식민지의 구상

주목. 인간이 속한 땅 그의 지성이니라.
좀 낫군. 이 정도면 바다 건너 찾아올 문장.
크리스핀 하나의 간결한 문구로
구름 낀 자신의 표류 털어놓고 하나의 식민지 계획했다.
정신적 달빛 퇴장, 법률 퇴장,
군주 그리고 원칙 퇴장, 모조리
모두 퇴장. 전원 무대에서 퇴장. 여기 이 산문은
데굴거리는 운문 조각에 비교할 수 없이 절묘한,
아직 새롭고 살 만한 대륙이라 할 수 있다.
크리스핀의 순례, 과연 무엇을 이루기 위한 것이었나,
그가 머릿속 어떤 그림 그렸든지,
결국 하늘에서 동료들의 그림자 몰아내고,
그들의 해묵은 지성에서 풀려나
새로운 지성 군림하도록 한 게 아니었다면?
그가 처음 지은 송가 가사의
반향, 이는 극단적 사소함의
찬양, 거슬릴수록 더욱 원하는

그의 미학적, 철학적

견고함에 대한 시험이었으니,

꽃장수가 양배추에게 지원을 청하듯,

재력가가 헐벗듯, 전사가

두려움에 떨 듯, 장님이 천문학자 되는 것,

임명된 권력이 경멸에서 풀려나는 것과 같이.

그의 서쪽 항해는 끝났고 또 시작되었다.

깐깐한 사고의 괴로움 느슨해지자

또 다른, 더 공격적인 고뇌 등장했다.

그리하여 그는 서론 집필 후

변덕 차올라

기념문과 예언 뒤섞어 새겨 넣었다.

그가 만든 것은 독특한 하나의 정렬. 그 결과,

비의 원주민은 비 내리는 사람들.

그들이 그리는 것은 찬란히 빛나는 하늘색 호수,

그리고 흰색 분홍색 나무 덮인 4월 산비탈이지만,

하늘색 가장자리에 구름 끼고, 그 흰색과

분홍은 층층나무가 머금은 눈부신 물기.

그리고 그들의 음악 속에서는 소리의 소나기 읊조린다.

어떤 이상한 허황됨에 이 비대한 인디언 빠져 있기에,

어떤 에덴 묘목의 수지에, 어떤 꿀 발린 선혈에,
어떤 순수함 증류된 걸쭉한 한 모금에 빠졌기에,
황금 가닥 그의 안에서 말을 하고
또는 그의 이미지 그리고 그의 말 속에서 빛 받고 있는가?
이러한 투박한 경우가 투박한 힘으로
스스로를 탄핵한다면, 원칙을
명백히 하라. 크리스핀 응용 위해 분투하여
투르크를 에스키모라며 질색했다, 또한 류트를
마림바라고, 목련을 장미라고.

이러한 전제 제기되는 가운데, 그는
식민지를 하나 기획했노라, 남부 아래
쌩쌩 부는 남부의 황혼까지 뻗어나가는,
커다란 반구의 섬을.
조지아 소나무 숲에서 잠 깨는 자
소나무 대변인 될지어다. 열의에 찬 자,
플로리다에 자연 그대로의 과실 심고
뜯을지어다, 고대 솔터리 아닌
밴조의 명징한 장선腸線을
툭, 툭, 홍학 무리 그의 해만 퍼덕퍼덕 치는 동안.

음산한 세뇨르, 흐릿한 메스칼 들이켜며
아즈텍 책력에 대해 아는 바 없는 이들
그 정교한 시에라 운율 지을지어다.
또한 카페에 모인 어두운 피부의 브라질 사람들
완벽한 팜파스 부호 구상하며
주의 깊은 한 권의 문집 끄적거려,
가장 새로운 반짝이는 연인 삼을지어다.
이상은 가장 광범위한 경우들. 크리스핀,
이렇듯 폭넓은 영역의 창시자,
말끔한 디테일에 무관심하지 않았다.
멜론은 청록색 예복 차림으로
적절한 의식 갖출지어다, 또한 복숭아,
검은 가지 봉오리 맺는 아름다운 날,
주문 걸지어다. 그리고 또한
쟁반에 쌓여 향 우러나는
여름, 성례와 제전
올릴지어다. 기민한 수련생들
우리 경험의 서기 될지어다.
다가올 시간으로의 이토록 단조로운 여행,
얼마나 방탕하든, 얼마나 당당하든,

모험담 속 퇴보의 비행과 연결되어,
영감은 크리스핀 처음 방랑에
나서게 한 책망 담고 있었다.
그는 위조에 만족할 수 없었다,
사고의 가식도, 그 일그러진 가식
왜곡해야 하는 불운한 단어들도,
그의 열정의 허락, 코트의 맵시, 단추의
각도, 재치의 분량 미리 예정하는
가공적 수식 역시. 그런 쓰레기
장님에게 도움될지 모르나, 차분하고 뛰어난 솜씨 지닌 그에게는
아니었다.
   참기 힘들 만큼 괴로운 일이었다. 그리하여
해설보다 텍스트를 선호하는 그는 겸허히
우연한 사건의 지도하에 터무니없는 견습 마쳤다,
광대가 된 건지 모르지만, 소망했던 광대로서.
우리들 꿈속 지루한 횡설수설 있어
꿈을 우리에게 의존하는 후계자로 만든다, 더 나은
탄생에 대한 미래의 공상 아닌, 우리의 수면 속
파묻혀 꿈꾸는 자들의 후계자로.
견습생은 이들 꿈꾸는 자들을 알고 있었다. 만약 그가

그들의 꿈을 꾸었다 한들, 조심스럽게 꿈꾸었을 것이다.
꿈이란 모두 애타는 법. 삭제하도록 두어라.
그러나 토끼는 뛰게 두고, 수탉은 열변 토하게 두어라.
분잡한 장신구, 천상의 악보 과시하는데,
크리스핀 그 옆에 까치발로 선 사기꾼?
아니, 아니. 정직한 한 장 위에 또 한 장, 정확성 갖춘.

V
그늘진 좋은 집

은둔자 된 크리스핀, 순수하고 유능한 자로
이 땅에 거주했다. 만약 불만이
그를 깔끄러운 사실주의자로 계속 남게 해
자신의 환경을, 보르도 너머, 아바나
너머, 불안 가득한 유카탄 너머 저 멀리,
있었고 있는 그리고 있어야 하거나 있을 법한,
우스꽝스런 조합에서 골랐다 해도, 그는
극지의 농장 식민지 삼아
흐린 무릎에 아이들 앉혀 흥겹게 흔들었을지 모른다.
그러나 이 구상에 대한 그의 계획 속도를 냈다.

크리스핀 이 땅에 거주하며 이곳에서의 거주로 인해
자신의 대륙에서 천천히 멀어지며 미끄러져 나와
육안으로 보이는 것들에 닿으니, 파란 하늘 아래에서는
반항적 사고가 어려움을
의식하게 되었다. 파랑은 의지를 오염시키는 법.
그의 밭에 톱풀 어쩌면
수심 어린 보랏빛 자신의 근심 아래 밀봉했는지도.
하지만 하루하루, 이번은 이것 다음은 저것이
그를 얽매고 조금씩 감싸고 눈감아주어
마치 영주인 이 땅이 그를 흥청거리게 해
굴욕감에 무릎 꿇는 동시에 더욱
애착하게 만든 듯했다. 계획되지 않은 대단원이라 생각됐다.
우선 그는 사실주의자로서 인정하길,
아침 대륙을 사냥하러 나서는 자 누구든
결국, 자두 앞에서 갑자기 멈춰 서도
만족하고 사실주의자로 남을 수 있다는 것이다.
사물의 단어들 뒤엉켜 혼란 초래한다.
자두가 자두의 시보다 오래 살아남는 법. 햇빛 아래
얌전하게 매달려, 저 아래 지나가는
이들 비스듬한 대지의 색 입혀주면

알록달록, 미로 같은 이슬 앉아, 연보라
꽃 피울지 모른다. 그럼에도 이러한 변화 너머,
제 형체보다 오래 살아남는, 훌륭하고 뚱뚱하고 벌컥대는 과실.
그리하여 크리스핀 살아남은 형체에 결쇠 걸었다,
이다에 담긴, 있어야 함 혹은 있을 법함의 형체.

그는 이 사실을 깊고 깊은 금관 악기 소란스레 불어
푸가풍 진혼곡으로 자신의 꿈 쫓아내야 하나?
말소된 어마어마한 것들 저 하늘 써레질하는
탐탐의 흐느낌에 동행해야 한다는 말인가?
비극 배우의 증언이라도 갈겨써야 하나? 활기 없는
장송곡으로 자신의 활기 연장하라는 말인가,
키 큰 악사들 부르고 또 불러도,
그의 죽음 불릴 뿐인데? 가장 바깥 구름에
싸인 합창단 통해 아멘을 선고해야 하나?
소란스런 바닷가에 유창한 기둥 세우려던
그가 오두막을 지었다는 이유로?
결국 다시 채마밭에 돌아왔다는 이유로?
쾌활한 크리스핀, 재앙의 상장喪章 두르게 된 것인가?
그렇다면 그는 개인 제쳐두고 자신의 운명

모든 운명의 일례로 이해해야 하는가?
이렇게도 많은 사람들 사이 기껏 한 사람 무슨 의미인가?
이러한 세상 속 이렇듯 많은 사람들 무슨 소용인가?
한 사람 한 가지 생각 갖고 또 유지할 수 있는가?
한 사람 하나의 정체 갖고 또 유지할 수 있는가?
소박한 누빔 경멸하는 바로 그가
악의에 차 자신의 의지에 누벼져 누워 있다.
사실주의자에게 이다는 이어야 한다이다.
그리하여 결국, 그의 오두막 정돈되고
나무들 심어지고, 그의 보모
환한 금발 데려와 그의 손안에 넣자,
커튼 펄럭이고 문 닫혔다.
크리스핀, 방 한 칸의 주인,
밤에 자물쇠를 채웠다. 너무나 깊은 소리 내려앉아
마치 외로움이 그와 그의 사교의 잠을
숨기고 덮어버린 듯했다.
너무나 깊은 소리 내려앉아 이윽고
기나긴 예언의 침묵 되어 가라앉았다.
귀뚜라미 떼 바람 속에 북 두드려
움직임 없는 행진을 해나갔다, 경비원처럼.

그날 아침의 프레스토 속에서 크리스핀 발 내딛었다,
하루하루 호기심 가득하기는 마찬가지였지만, 이날 한 바퀴
그가 한때 필요하다 여겼던 것보다 덜 까칠하며
훨씬 적절했다. 캉디드 같기도,
자작농, 또한 일꾼 같기도, 하지만 눈앞에는 무화과 한 알
그리고 무화과에 얹을 크림, 크림 담을 은사발,
은사발 기울여 그 성급한 맛을 볼
금발의 그녀. 대단하군, 오두막
음담패설 속 그들의 담금질!
그럼에도 일상은 철학자들 진을 빼는 법,
또한 크리스핀 같은 자들도 마찬가지
사고의 시종을 쫓겠다는 그들과 의지는 같아도
의도는 같지 않으니.
그러나 크리스핀의 일상은
아침 식탁의 리본, 잎사귀째 내놓은 과일,
박새와 계피와 장미로 이루어진 구성,
다만 장미는 크리놀린 천 위 고상한 가시꽃 아닌
애타는 달콤함의 꽃,
또한 그 구성은, 구겨지는 바닥스러움 위로

내던져져 쪼개진 덧문과도 같은 저녁 시간으로, 또는
그 연약한 경비원들
미지근한 여름 추위에 무관심한 채
그가 옆에 누운 그녀의 입술로 쏟아붓는 그 모습
지켜보는 밤들로 이루어져, 이러한 일상은
태양, 그 참된 행운의 신처럼 진을 빼는 법.
앗아간 만큼 구부정한 수익 돌려주니
그 재원은 열쇠 풀린 얼룩덜룩 광대 금고.

VI
그리고 곱슬머리 딸들

불길한 발음, 하나하나
맺어진 복된 음절, 선율로
기쁨을 거품 내는 소리,
하나의 음에 도달하는
풍성하고 고통스러운 상냥함이여,
크리스핀의 마지막 추론 과감히 모아
울려라. 자랑스럽게 사례 건네
그의 거창한 선언과 유산 연주하라.

아이들 파란 꽃 눈빛으로 그에게 와 흥겹게 흔들어 달라 하니,

손은 만짐 없이 절절히 만지고 있어,

그의 흐린 무릎, 이 예지적 관절 위

더 멋진 후대 위한 자리 남아나지 않았다.

사교 기질 다시 한 번 시작되니

원정 또는 폭락, 상승 또는 활송으로,

그는 출산과 너무 자주 연루되어

그의 오두막 성구함聖句函과 다를 바 없어졌고,

그 후에는 성가신 가마 모인 곳, 그다음에는 젖먹이 또

탁월하게 나이 든 아이들 감미로운

공허 야금야금 씹어대는 소굴, 그다음은 땋은 머리

풀어 내린 부인들 위한 돔이자 안식처,

녹색이 되도록 이 세상 모든 녹색 과일 집어삼키는 그녀들,

세상의 환희 추구하고 또한 기다리는 그녀들,

크리스핀의, 또한 그의 토양의 참된 딸들.

이 모두에는 많은 벌금 따르니

식민지의 실질적 개척자 그가 거대한 꽃봉오리 옆

문 앞 마당에 다다라 급히 섰다.

그러나 이 꽃 더욱 무르익어

둥글어질 떡잎과 비바람에 진한

붉은빛의 어린 색조 보이면, 발걸음 멈춘 자
관대한 운명론자로 복합되리라는 것은
예견하지 못한 일. 크리스핀 첫 번째로 미소 건넨
가장 빛나는 금빛 아가씨, 마치 카푸친 수도승들의
나라에 사는 듯, 너무나 섬세한 홍조에 겸손한 눈빛으로
은밀하고 특이한 사물에
주의 기울였다. 두 번째로는
그와 두 번째로 비슷한 상대, 첫째와
가장 자매로 보이는 처자, 아직 덜 깨어
어머니 발소리밖에 못 듣지만
흔들려 잠 깨면 간혹 경이로움 느꼈다.
다음은 셋째, 햇살 속에서 아직 창백한 아마빛 머릿결로
경쾌한 잎사귀 아래 살금살금 기었다. 그리고 넷째,
겉 번지르르한 자들 요란 떠는 소란덩이 불과해
떠들고 먹어댈 뿐인 불경스런 분홍빛.
몇 년 더 지나 주홍빛 수도승
이제는 영주에 더욱 어울릴 오두막에
딱 맞는 감미로운 징조 더했다.
둘째 자매 느릿느릿, 수줍어하며
날개 달린 그 한 명 서투름 속에서

끄집어내, 뜨겁게 품에 안았다.
셋째는 입 벌리고 꾀꼬리 바라보다
조용히 홀로 글 익혀 열광적 표현에
능한, 진주 두른 여류 시인 되었다.
넷째는 이제 갇혀 지내는 호기심 많은 존재.
태초에 너무 복잡했던 이 세상에
네 명의 딸, 각각 다른 걸음걸이의
쾌활한 네 개의 악기, 펼쳐서 여럿 되는
네 개의 목소리, 광대만큼 친밀하면서도
다채로운 네 개의 가면, 은색이어야 할
네 개의 파란 거울, 믿기지 않는 빛깔 암시하는
네 개의 익숙한 씨앗, 유쾌한 어둠 속
색채 퍼뜨리는 네 개의 동일한 빛,
네 명의 질문자 그리고 확신에 찬 네 명의 답변자.

크리스핀 이러한 참패에서 교리 꾸며냈다.
이 세상 순무와 같아서, 일단 한 번 손쉽게 뽑힌 뒤
자루에 담겨 해외로 실려가, 오래된 보랏빛
문지른 비옥한 몸통 남기고 모두 쳐낸 뒤
극도의 사실주의자가 다시 심자,

보랏빛으로 복제되었다, 가족의 성수반에 담긴,
동일한 난해덩어리. 우리의 운명론자
등장하여 낄낄거림을 아랫배로 끌어내렸다,
기도도 불평도 없이. 기록하라,
핵심만을 위해 지어내 형식은 그렇지 못하나
의도만은 교리에 따른 이 일화를, 크리스핀 뜻한 바 따라,
위장된 선언으로, 요약으로,
가을의 개론으로, 그 자체로는 귀에 거슬리나
그의 무릎 위 하나로 합쳐지는
불길한 억양, 음절 그리고 음악 속에서는
그들 고유의 영역과도 같이
부드럽고 영감 가득하며 완벽하게 복구된 개론으로,
또한 폭주하듯 전진하며 전달된
천사 같은 순수의 선포로, 기록하라.
아니면, 만약 이 음악 이어진다면, 만약 이 일화
거짓이라면, 만약 크리스핀 무익한
철학자여서 풋내기 자랑에서 출발해
시든 결말에 이르고 만다면,
무질서에 취약한 그가 만약 변덕스럽고 더듬거리는,
가변적이고 모호한 취향 누그러뜨려

자신의 삶 뒤늦게 빛날 손놀림으로 치장하고,
유령이 집어삼킨 공상 통해
흔하고 평범한 것들 비춰,
그해 기억 중 허둥거림은 격리시키고,
소란스런 몇 방울로 사람들 벌컥댈 묘약 만들어
왜곡하길, 자신이 증명하는 것 아무것도
아님을 증명한다면, 그렇다면, 모두 무슨 소용인가 결국
그 관계 자비롭게도 끝에 도달하는데?

그러하니 부디 인간 각자의 관계 끊기게 하라.

돈 주스트의 괴로움에서 인용

태양과의 전투 이제 끝마쳐
나의 몸, 이 늙은 짐승
더 이상 아는 게 없다.

강렬한 계절 사육과 살육 이어가
그 자체로 목적이자
영혼이었다.

오, 그러나 폭풍의 핵심,
태양과 노예, 사육과 죽음,
이 늙은 짐승,
감각과 감정, 소리와
시각의 핵심, 그리고 폭풍에서 남은 것,
더 이상 아는 게 없다.

오 플로리다, 성性스러운 땅

각자 몇몇 가지,
삼색 메꽃 덩굴 그리고 산호,
독수리 그리고 생이끼,
섬에서 온 술통 테두리,
각자 몇몇 가지,
성性스러운 땅, 플로리다,
연인에게 자신을 드러낸다.

이 세상 지독한 잡다함,
쿠바인, 폴로도프스키,
멕시코 여인네들,
검둥이 장의사
다음 시체까지 시간 때우려
가재를 잡는다⋯
상스러운 태생의 성모여,

한밤 날쌘 몸놀림으로,
키웨스트의 현관 밖,
분꽃 덩굴 뒤,
기타 잠든 후,

바람만큼 음탕하게
그대 고통을 안고 온다,
끝없는 갈망에 차

앉아 있을지도,
어둠의 학자
바다 너머 격리된 모습으로,
빨강 파랑 빨강의
투명한 왕관 쓰고,
고독하고 고요하게 반짝인다
드높은 바다 그림자 안에서.

어두운 도나, 도나
인디고 가운 그리고 구름 자욱한 별자리
구부정하게 걸치고
자신을 감추거나 최소한의 것만을
연인에게 드러낸다 —
두툼한 껍질의 과일 품은 손
그대의 그늘을 뒤로한 신랄한 꽃 한 송이.

마지막 바라본 라일락

어쩌자고 여기 라일락 가득 핀 골목에서,
이 캘리퍼스 같은 친구, 엉덩이 긁적이며
동행한 멋진 아가씨에게 떠들어대나,
이 꽃 비누 꽃이고
이 향 야채 향이라고?

아가씨 들은 체나 할 것 같나
그녀의 순진함 혼인시켜
곧 그녀 벌거벗길
이 성혼의 기운 속에서,
천박한 말에 멈춰 설 것 같은가?

가엾은 어릿광대! 저 라벤더 빛을 보게
마지막으로 한 번 가만히 침착하게,
그리고 말해보게 왜 그대 눈에 보이는 것은
쓰레기뿐이고 왜 그대 느끼지 못하는지
꽃달인 지금 그녀의 떨리는 몸 향하는 그곳

선선한 밤 그리고 밤하늘 놀라운 별
최고의 연인이자 벨트 조인 화신,

훌륭한 장화에 거친 외모 그리고 거만한 남성미 지닌
금빛 돈 존의 수호자이자 창조자
여름이 다가오기 전 그녀 품에 안을.

천국의 문 앞 지렁이

무덤에서 바드롤바두르 공주 데려오노라
우리의 배 속에 싣고, 우리 그녀 전차 되어.
여기 한쪽 눈. 그리고
그 눈 눈썹 한 올 한 올 그리고 흰 눈꺼풀.
여기 뺨은 눈꺼풀 내려오던 곳,
그리고 손가락 하나하나, 여기 손,
그 뺨의 정수. 여기 입술,
한 다발 몸 그리고 발.
. . . .
무덤에서 바드롤바두르 공주 데려오노라.

산토끼

아침이 오자
산토끼 아칸소강 향해 노래했다.
바다우렁이 음표에 맞춰
멋진 모래톱에서.

흑인 아저씨 말하길,
"자, 할머니 이제
여기 할머니 수의에
이 독수리 좀 실로 떠줘,
잊지 마셔, 겨울 다 간 다음
독수리 목 비비 꼬인 그 꼴도."

흑인 아저씨 말하길,
"조심해, 오 노래꾼,
독수리 창자
달가닥거려."

계곡의 촛불

나의 초 홀로 거대한 계곡에서 타올랐다.
광대한 밤의 여러 기둥 그 위로 모여들고
이윽고 바람 불어왔다.
그러자 광대한 밤의 여러 기둥
그 이미지로 모여들고
이윽고 바람 불어왔다.

수천 명 사내의 일화

영혼은, 그가 말하길,
외적 세계로 이루어져 있어.

동쪽 사내 중, 그가 말하길,
동쪽 그 자체인 자들 있어.
어떤 지역 사내 중
그 지역 자체인 자들 있어.
어떤 계곡 사내 중
그 계곡 자체인 자들 있어.

어떤 곳 사내 중 말을
그들이 사는 곳
자연의 소리처럼 하는 자들 있어
큰부리새 사는 그곳에서
큰부리새 크악 크악대듯.

만돌린은 어떤 곳의
악기.

서쪽 산간의 만돌린이라는 것이 있는가?

북쪽 달빛의 만돌린이라는 것이 있는가?

라싸의 여인이 입은 드레스는
그곳에서
그곳의 보이지 않는 요소
보이게 된 것.

빈센틴에게 바치는 돈호頓呼

I
내 머릿속에서 그린 그대는 나체
단조로운 땅과 검푸른 하늘 사이.
그대 매우 작고 매끈한
이름 없는 이로 보였네
천상의 빈센틴이여.

II
이후 내가 본 그대는, 살결처럼 따스한
갈색 머리
너무 짙은 갈색 아니지만
그만큼 따스하고, 그만큼 깨끗한.
그대 드레스는 초록
겉은 하얀 초록
초록색 빈센틴이여.

III
그 후 그대 걸어왔지,
다른 인간
무리에 끼어,

떠들며.
그래, 그대 걸어왔지,
빈센틴.
그래, 그대 말하며 왔지.

IV
그리고 그대 무엇을 느끼는지 알게 된 것은
바로 그때.
나는 보았네, 단조로운 땅
그대의 무한한 층이 되는 것을
그리고 그 하얀, 그리도 매끈한, 짐승
빈센틴이 되었네,
천상의 빈센틴 되었네,
그리고 그 하얀, 그리도 매끈한, 짐승
천상의, 천상의 빈센틴 되었네.

바나나에 꽃 장식

봐요, 아저씨, 이건 도저히 안 되겠어.
이 무례하게 직선으로 뻗은 껍질에
시무룩하게 터져 나온 모양
이 들장미에는 도저히 안 되겠어.
뭔가 구불구불한 게 필요해.
이런 방에 노골적 노랑이라니!

오늘 밤엔 자두를 내놨어야지
십팔 세기 접시에 담아,
그리고 앵초꽃과 금실로 치장한
각자 품위 갖춘 곱슬머리 여인들에게는
하찮은 꽃송이를.
세상에! 이렇게 귀한 빛!

그런데 베어낸 대로 웅크린 바나나라니…
이 식탁 사람 잡아먹는 괴물이 차린 듯,
눈은 야외의 어둠 그리고
고되고 해로운 곳에 고정한 채.
바나나를 널빤지에 쌓아 봐.
여인들 모두 장딴지,

팔찌, 갈기갈기 갈라진 눈만 남도록.

바나나를 또 이렇게 꾸며 봐
카리브해 나무에서 뜯어 온 잎에 싸서,
아래로 대롱대는 섬유질 나무,
보랏빛 구멍에서
고약한 고무진 뿜어내고
보랏빛 목구멍에서 삐쭉 빠져나오는 건
시큰시큰 사향내 나는 혀.

칸나의 일화

크기도 하지 꿈속에서 본 칸나
X가 꾸는 꿈, 막강한 사고, 막강한 이 남자.
그의 의사당 두르는 테라스 한가득.

그의 사고 잠자는 법 없어라. 그럼에도 잠 속에서
깨어나는 사고는 결코 다른 사고 혹은 다른 사물
만나지 못할지 모른다…. 이제 동이 튼다…

X 이슬 맺힌 돌 위를 거닐며
매달리는 눈빛으로 칸나를 관찰한다,
관찰하고 계속 관찰한다.

구름을 칭하는 방식에 대하여

금색 가운 차림 침울한 문법학자들이여,
소극적으로 필사적 랑데부 유지하는 그대들
화법의 여전한 장려함 밝히는 그대들
음악처럼 심오하여 마치
소리 없는 칭송 같은 장려함.
죽음 부르는 철학자들 그리고 깊이 생각에 빠진 이들
그들의 초혼은 구름의 화법.
그리하여 그대들 행진가의 화법은
퀴퀴하고 기이한 계절을 가로지르는 그대들
걸음걸이에 격식 없는 초혼으로 돌아오네. 이는
적절한 체념의 음악, 이는 바로
그대들이 더욱 키워나갈, 열렬하고
여전한 장려함, 저 떠가는 불모지에서
그대들 해와 달의 헐벗고 말 없는 찬란함
그 이상의 동반자 찾는다면.

천국을 무덤으로 여기는 일에 관하여

어떤 말 전하려 하나, 통역관들이여, 한밤중
천국의 무덤 걷는 자들,
우리 오랜 코미디 속 어두운 유령들로부터?
그들 자신 거센 바람 부는 추위 배회한다고 믿는가,
공중에 등불 띄워 길 밝힌
죽음의 시민으로서, 그게 뭐든
찾고 있는 것 곧, 여전히 곧 찾을 것이라고? 아니면
매장이라는 그 절차, 매일 기둥 세워 만드는 문
공허로의 그 영묘한 통로는
매일 밤을 단 하나 심연의 밤이라고,
이제 주인이 더 이상 방황하지 않을, 또한 충성스러운 등불이
 더 이상 어둠을 슬금슬금 가로지르지 않을, 그런 밤이라고 예언
하는가?
어두운 코미디언 사이에서 색을 만들라,
 가장 높고 먼 곳에서 그들을 소리쳐 부르라
 그들 머무는 얼음의 엘리제에서 답을 들으려면.

사물의 표면에 관하여

Ⅰ
나의 방 안에서 세상은 내가 이해할 수 없는 곳,
하지만 걸어보면 서너 개의 언덕 그리고 하나의 구름으로 이루어진 곳이라는 것을 알 수 있다.

Ⅱ
나의 발코니에 서서 노란 공기를 살핀다,
내가 쓴 이 대목을 읽으며,
"봄은 옷 벗는 미인과 같다."

Ⅲ
황금 나무는 파랑.
가수는 망토를 머리 위로 덮어썼다.
달은 망토 주름 속에.

왕자 공작새 일화

달빛 아래에서
베르세르크를 만났다
달빛 아래
우거진 평원에서.
오, 예리한 자였다
잠 못 이루는 자들만큼!

그리고 "당신 왜 붉은색을 띠고 있소?
이 우윳빛 파랑 속에서?"
난 물었다.
"왜 태양의 색 띠고 있소,
마치 깊은 잠 속
깨어 있듯?"

"방랑하는 그대여,"
그가 말했다,
"이 우거진 평원에서
망각이 이리 빠르군.
내가 덫을 놓은 곳은
꿈 한가운데요."

이 말에서 난 알게 되었다
이 파란 땅이
뭉치덩어리 그리고
쇠뭉치 마개로 그대로 가득하다는 것.
나는 알고 있었다
우거진 평원의 두려움,
그리고 달빛의
아름다움을
저기 지는 달빛
저기 지는
마치 잠이 지듯
이 순진무구한 공기 속에서.

목청 높은 기독교 노파

시는 최상의 상상이요, 부인.
도덕률로 신도석을 만들고
신도석으로 유령 사는 천국을 만드는 것. 그리하여
양심은 종려나무로 개종되오
찬송가에 몸 달은 요란한 시턴처럼 말이오.
우리는 원론적으로 같은 생각이오. 그건 분명하오. 하지만
대립되는 법률로 열주랑 세우고
그 주랑에서 행성 너머로
가면극 쏘아 올리는 거요. 그러면 묘비명으로도
속죄받지 못한 우리 외설스러움, 마침내 충족되어
마찬가지로 종려나무로 개종되오
색소폰처럼 꿈틀거리며. 그래서, 부인, 우리는
종려나무 한 그루씩 출발점으로 되돌아오오. 그러니
허락하시오, 이 행성계에서
불만 가득 품은 채찍질 고행자들
행진하다 몽롱하게 부른 배 찰싹거리며
숭고의 참신함 그리도 자랑스러워하는 그들,
그리도 팅크-탱크-텅커-텅크-텅크 하는 그들이
혹시라도, 혹시라도 부인, 자신 안에서
천체의 유쾌한 소란 뽑아내는 것을.

과부들 아마 움찔할 거요. 그러나 상상 속 이야기란
제멋대로 눈짓하기 마련이지요. 특히 과부들 움찔할 때.

외알박이 보금자리

외알박이의 보금자리
쉼 없는 파도의 자리 되게 하라.

바다 한가운데든
어두컴컴한 녹색 물바퀴든
모래사장이든
멈춤은 없어야 한다
움직임, 혹은 움직이는 소리
소리의 재개
그리고 수없는 이어짐에,

그리고, 특히, 생각의 움직임
그 들썩이는 반복에

외알박이의 보금자리
쉼 없는 파도의 자리 되리라.

흐느끼는 시민

기이한 악의로
나 세상을 비틀어.

아! 유해한 유머가
흰 소녀 가면 쓴다면.
그리고 아! 스카라무슈가
검은 마차 몬다면.

애석한 사실들!
그러나 지속되어 넘친다면
이 슬픔 치료할 수 있을 것.

만약 내가 유령으로 돌아와
여전히 내 안에서 불타는 이들 사이에 설 수 있다면,
나는 실컷 멋 부린 행의
빼어난 디자인으로 오게 하소서.

그러면 나, 지난 말들 괴로워 하리
제멋대로 엮은 소리들을,
나, 석회가 된 심장 속에 흐느끼는데

내 손은 이렇게도 날카로운 상상 속의 손.

형이상학자 집에 걸린 커튼

보아 하니 이 커튼 날리는 모습
기다란 움직임으로 가득 차 있다, 거리감이 주는
묵직한 수축감 같은, 또는 그들이 속한 오후에서
떼어낼 수 없는 구름 같은,
또는 빛의 변화, 침묵의
낙하, 폭넓은 잠 그리고 밤의
고독, 이 안의 모든 움직임
우리를 넘어, 마치 창공이
솟아오르고 무너져 내리며 최후의
관대함 드러내듯, 보기에도 과감한.

진부한 체류

파란 수국 담은 두 개의 나무통 돌계단 아래 서 있다.
하늘은 장밋빛 줄무늬 파란색 껌. 나무들은 검정.
찌르레기 무리 미끈한 대기 속에서 앙상한 목청 가른다.
습기와 열기로 정원은 꽃으로 무너져가듯 부풀었다.
역시! 여름은 비대한 짐승처럼, 우리의 오랜 골칫거리,
흰 곰팡이 사이 초록으로 부어오른 평온함 속 졸고 앉아
"저기 별들의 축복, 저기 저녁 하늘의 장신구!" 외치며 계절을 상기시킨다,
헐벗음 사이로 빈약하게 광채 내려앉는 때를.
이렇게 땅 가장 깊은 바닥에 초록 그늘을 저주하게 되는 것.
집게벌레가 사탄의 귀 더럽힌들 누가 상관하랴?
또 하늘에서 흐릿함 걷혀 반짝이는 장신구까지 치솟길 누군들 고대하지 않으랴?
병, 무슨 병에 걸린 게 틀림없다. 병을 느낀다.

봄에 앞선 우울

수탉은 우는데
일어나는 왕비 없다.

내 금발 여인 머리카락
참으로 눈부셔
소 떼 뿜어내는 타액
바람에 실리는 모습 같다.

호! 호!

그렇지만 끼-끼-리-끼
뒤 이어지는 루-꾸 없다
루-꾸-꾸 없다.

초록 슬리퍼 신고
다가오는 왕비 없다.

아이스크림의 황제

큼직한 시가 마는 그이,
바로 그 근육질 불러들여 휘젓게 하라
호색 완연한 유지덩이 컵마다 가득하게.
부엌데기들은 항상 입는 그런 드레스 입고
살랑거리게 두고, 소년들은
지난달 신문지에 꽃을 가져오게 하라.
이다가 같다의 피날레 되게 하라.
세상 유일한 황제는 아이스크림의 황제.

전나무 서랍장에서 꺼내라,
유리 손잡이 세 개 이제 없지만,
언젠가 공작비둘기 수놓아 만든 시트
얼굴 가리도록 펼쳐 덮어라.
거친 두 발 삐져나와도, 그건
그녀의 차가움을, 말 못함을 보이기 위함.
등불 빛줄기 고정시키게 하라.
세상 유일한 황제는 아이스크림의 황제.

쿠바 의사

내가 이집트로 간 것은 인디언을
피하기 위해, 그러나 인디언은
자신의 구름, 자신의 하늘에서 내리쳤다.

달에서 자란 지렁이 따위 아니었다,
환영 같은 허공 한참 꿈틀거리며 내려와
안락한 소파에서 꿈에 빠진 지렁이 따위.

인디언 내리친 후 사라졌다.
적이 가까이 온 것을 나는 알았다 — 나,
한여름 가장 나른한 뽈 속에서 졸고 있는 내가.

훈의 궁에서 차 마시는 시간

나 보랏빛 차림으로 그대 가장 외로운
허공이라 부른 그곳 통과하여 서쪽의 낮을
하강하였기에, 나는 더욱 나 자신이었던 것이다.

나의 수염에 어떤 연고 뿌린 것인가?
나의 귓속에 어떤 찬송 웅웅거린 것인가?
거기서 나를 휩쓸고 간 파도 어느 바다의 파도인가?

나의 머릿속에서 금빛 연고 비 내렸고
나의 귀는 들은 대로 찬송가 불어댔다.
나 자신이 바로 그 바다의 나침반이었다.

내가 걷는 세상 바로 나 자신이었고, 내가 본 것
들은 것 느낀 것 오로지 나 자신에서 온 것이었기에
그곳에서 더욱 진실된 그리고 더욱 낯선 나 자신 마주하였다.

열 시의 환멸

이 집들은 흉가
흰 잠옷들 살고 있다.
그중 초록 하나도 없고,
보라에 초록 동그라미도 없고
초록에 노란 동그라미도 없고
노랑에 파란 동그라미도 없다.
그중 낯선 잠옷도
레이스 양말에
구슬 띠 달린 것도 없다.
사람들은 꿈속에서
개코원숭이와 페리윙클 보지 못할 것이다.
그저, 여기저기, 늙은 뱃사람
술 취해 장화 신은 채 잠들어
호랑이 사냥을 한다
날씨는 붉은데.

일요일 아침

I
화장 가운의 안락함, 햇살 가득한
의자에 앉아 누리는 늦은 커피와 오렌지,
그리고 앵무새 한 마리 러그 위에서 맞는
녹색 자유, 모두 어우러져 소멸시킨다,
고대 제물의 거룩한 고요를.
그녀 잠깐 꿈꾸며, 오래된 참사
어둡게 잠식해옴을 느낀다,
수등水燈 사이로 잔잔한 어둠 내리듯.
아린 오렌지 그리고 밝은 초록 날개
마치 죽은 자들 행렬 위한 소품인 양
드넓은 물 가로질러 돌고 있는 듯하다, 소리 없이.
이날이 드넓은 물 같다, 소리 없이,
그녀의 꿈꾸는 발 지나가도록 잠잠해진 물,
바다 건너 침묵하는 팔레스타인으로,
피와 무덤 지배하는 그곳.

II
그녀 누리는 풍요 왜 죽은 자들에게 건네야 하는가?
신성神聖이 무슨 소용인가, 침묵하는 그림자와

꿈속에서만 오는 것이라면?
충분히 찾을 수 있지 않을까, 햇살의 안락함 속에서
아린 맛의 과일 그리고 밝은 초록 날개에서, 혹은
이 땅의 향유^{香油} 혹은 아름다움 속에서
천국의 염원처럼 소중하게 품을 것들?
신성은 그녀 자신 안에 살아 있어야 한다.
소나기의 격정, 혹은 눈 내리는 분위기,
외로움 속의 애도, 혹은 숲 흐드러질 때면
쉬 누를 수 없는 고양, 가을밤
물기 머금은 길 위 돌풍 같은 감정,
이 모든 즐거움 그리고 이 모든 고통, 기억하기
여름의 나뭇가지, 겨울의 잔가지 모두를.
이것이 그녀의 영혼에 내려진 척도.

III
구름 위 주피터 인간과는 다른 탄생 겪었다.
젖 물리는 어머니도 없었고, 달콤한 땅
그의 신화 가득 찬 머리에 큼직한 움직임 선사하지도 않아
그는 투덜거리는 왕이 되어 우리 사이 오가다,
장대한 모습으로, 일꾼들 사이 오가다,

우리의 피, 순결하게 뒤엉키고,
천국과 함께하여, 결국 욕망에 앙갚음하니
바로 그 일꾼들 이를 하나의 별에서 감지해냈다.
우리의 피는 실패할 것인가? 아니면 결국 낙원의
피가 될 것인가? 그러면 이 땅은
우리 알 수 있는 낙원의 전부로 보일까?
그때 하늘 지금보다 훨씬 우호적일 것,
노동의 일부이자 고통의 일부이며,
또한 지속적 사랑만큼이나 영광스러울 것,
이렇듯 나눔에 골몰하는 무심한 파랑 아닐 것.

IV
그녀 말하길, "이럴 때 충만함 느끼지, 새들 잠 깨어
날아가기 전, 안개 자욱한 들판의
실재 시험하기 위해 사랑스런 심문을 할 때,
하지만 새들 가버린 뒤, 그들의 따뜻한 들판
돌아오지 않는 그때, 낙원은 과연 어디에 있나?"
그 어떤 예언된 보금자리도,
무덤 지키는 늙은 키메라도,
금빛 지하세계도, 감미로운 음악으로

유령들이 귀갓길 이끄는 섬도,
환영의 남쪽도, 천국의 언덕
저 멀리 구름 낀 종려나무도, 결코 4월의 초록만큼
오래가지 못했고, 잠 깬 새들 떠올리는
그녀의 기억만큼 오래가지도 못할 것,
제비 날개의 솜씨로 기울어진
저녁 그리고 6월을 향한 그녀의 갈망만큼도.

V
그녀 말하길, "하지만 충만 속에서도 여전히
어떤 불멸의 행복 필요하다고 느끼지."
죽음은 아름다움의 어머니이기에 그녀로부터,
그녀만으로부터, 우리의 꿈과 우리의 갈망
채울 수 있을 것이다. 그녀 우리 가는 길에
확실한 망각의 잎사귀 흩뿌린다 해도,
지독한 슬픔이 택한 길, 환희가 쇳소리 가득한 소절
울렸던, 또한 사랑이 상냥하게 속삭였던 그 많은 길에,
그녀 햇살 아래 버드나무 흔든다
직접 발로 걸어야 하자 주저앉아
잔디 내려다보는 처녀들 위해.

그녀 소년들을 외면당한 접시에 햇자두와 배
쌓도록 한다. 처녀들은 맛보고
어지럽게 흩어지는 잎사귀 속에서 열정으로 방황한다.

VI
낙원에는 죽음이라는 변화 없는가?
무르익은 과일도 떨어지지 않는가? 아니면 그 완벽한 하늘에
나뭇가지는 항상 무겁게 드리워져 있는가,
결코 변하지 않지만, 소멸하는 우리의 땅과 너무 비슷하여
결코 찾아내지 못하는 바다 찾아 헤매는 우리의 강을
닮은 강이 있고, 어눌한 격통 느끼며 닿는 법 없는
점점 멀어지는 해안가 그곳에서?
무슨 이유로 강둑에 배 올려놓고
그 해안 자두 냄새로 가득 채우는가?
아아, 그곳에서도 우리의 색을 입고,
우리 오후의 비단 같은 직물 두르고,
우리의 덤덤한 류트 줄 퉁기다니!
죽음은 아름다움의 어머니이기에 신령스럽고,
그녀의 화끈거리는 가슴속에 우리는
지상의 어머니 지어낸다, 기다림에 잠 못 드는 우리 어머니.

VII

둥글게 모여선 남자들, 어느 여름 아침
나긋하고 격한 난장 벌여
태양을 향해 요란한 기도 노래하리라,
신은 아니지만, 신이라면 이럴 듯,
미개한 근원처럼 그들 사이 벌거벗은 태양.
이들의 노래 낙원의 노래,
이들의 피에서 나와 하늘로 돌아가는 노래,
그리고 이들의 노래로 목소리 하나씩 입장하리라,
이들의 주께서 큰 기쁨 찾는 바람 가득한 호수로,
천사 닮은 나무들 속으로, 그리고 메아리 울리는 언덕으로,
이들의 합창 오래오래 이들 사이에서 이어지고.
이들 잘 알리라, 멸하는 인간 그리고
여름 아침이 이루는 천상의 유대.
이들이 언제 왔든 그리고 어디로 가야 하든
이들의 발 위 내려앉은 이슬 드러나리라.

VIII

그녀에게 들리길, 그 소리 없는 물 위로

울부짖는 목소리, "팔레스타인의 그 무덤
어슬렁거리는 영혼들의 행각行閣 아니리라.
그 묘 예수의 무덤, 그가 누웠던 곳."
우리는 태양의 오랜 혼돈 속에 살고 있다,
혹은 낮과 밤이라는 오랜 의존,
혹은 홀로 선 섬에서, 후견 없이, 자유롭게,
그 드넓은 물 피할 수 없지만.
사슴이 우리의 산 거닐고, 메추리
우리 주위로 제멋대로 지저귀고,
달콤한 산딸기 황야에서 익어가는데,
하늘의 고립 속
저녁 맞은 비둘기들 가볍게 떼 지어
모호하게 굽이치며 침몰한다,
저 아래 어둠으로, 두 날개 뻗으며.

등불 들고 가는 처녀

장미 덤불 사이 곰은 없고
검둥이 하녀 하나만
거짓되고 그릇된 짐작을 한다

이별 임무를 위해 저기 걸어가는
오래 또 오래 걷는
저 미녀가 든 등불에 대하여.

애처로워라, 독실한 그녀의 외출
지켜보는 검둥이 하녀 하나를
이렇듯 뜨거운 열기로 채우다니!

탤러푸사의 별

별들 잇는 줄 곧고 날래다.
이 밤은 그들이 울어대는 요람 아니다
울어대는 자들, 심해의 구절 물결치며.
이 줄들 너무나 진하고 너무나 날카롭다.

사고는 이 지점에서 단순함 터득한다.
달도 없고, 은빛 잎새도 하나 없다.
이 몸은 보일 몸은 못 되어
자신의 검은 눈꺼풀 관찰하는 하나의 눈이다.

이하 그대의 기쁨 되도록 하라, 비밀스런 사냥꾼이여
촉촉하게 끝없이 어우러지는 수평선 사이 헤엄쳐 가기,
길고 느슨하고 무기력한 지평선 오르기.
이 줄들 날래서 갈라짐 없이 추락한다.

참외꽃도 이슬도 둘이 만드는 어떤 그물도
이들과 같지 않다. 그러나 그대 안에는 이런 것 있다.
곧게 날아가는 한 다발의 눈부신 화살,
스스로의 희열 위해 곧게 날아 곧게 추락하고

하나같이 밝은 테두리 한 차디찬 그들의 희열,
혹은 화살이 아니라면 가장 날렵한 움직임으로
젊은 벌거벗음을 그리고
자정의 시간이 품은 잃어버린 열정 회복한다.

설명

아, 어머니,
이 낡은 검정 드레스에
자수를 놓고 있었어요
프랑스 꽃문양이요.

낭만은 아니에요
이상이라곤 없어요
전혀,
전혀.

아마 달랐겠죠
나의 사랑,
상상 속의 내가
오렌지색 가운 입고
허공을 떠다녔다면,
교회 벽에 새겨진 조각상처럼.

의미심장한 풍경 여섯

Ⅰ
한 노인 앉아 있다
중국에 있는
어느 소나무 그림자 아래.
미나리아재비를 본다
파랑에 흰색,
그림자 가장자리에서
바람에 움직인다.
노인의 수염 바람에 움직인다.
소나무 바람에 움직인다.
그리하여 물은 흘러간다
잡초 위로.

Ⅱ
밤의 색은
여인의 팔 같아
밤의 성은 여성
모호하고,
향기로우며 유연하여
스스로를 숨긴다.

웅덩이 반짝인다,
춤에 흔들리는
팔찌같이.

III
나를 재본다
키 큰 나무에 몸을 대고.
내 키가 훨씬 크다
나는 태양까지 닿을 수 있기에
나의 눈으로,
또한 해안에 닿을 수 있기에
나의 귀로.
그럼에도 마음에 안 든다
개미가 기어가는 저 모습
내 그림자 들락날락하며.

IV
나의 꿈 달 가까이 있을 때
꿈이 입은 가운의 흰 주름
노란빛으로 가득 찼다.

꿈의 발바닥은
붉은색으로 변했다.
꿈의 머리카락은 어떤
파란 결정체로 가득 찼다
멀지 않은
별에서 온 결정체.

V
가로등의 칼을 모두 써도
기나긴 거리의 끝을,
돔 지붕 그리고
높은 탑의 나무망치를 써도
새길 수 없다
하나의 별만이
포도 잎 사이로 비추며 새길 수 있는 것.

VI
합리주의자들, 정사각형 모자 쓰고
정사각형 방에서 생각을 한다,
바닥을 보며,

천장을 보며.
직각 삼각형 안에
자신을 가둔다.
장사방형으로 바꿔본다면
원뿔, 파상선 혹은 타원으로 —
예를 들어 반달 모양의 타원 —
합리주의자들 머리에 솜브레로 쓸 것이다.

소나무 숲속 당닭

아즈칸의 이푸칸 추장 황갈색 카프탄
입고 목 뒤 적갈색 털 세운 자, 게 서라!

빌어먹을 범우주적 수탉, 마치 저 해가
너의 불타는 꼬리 받칠 검둥이라도 되는 듯.

뚱뚱! 뚱뚱! 뚱뚱! 뚱뚱! 나는 개인 그 자체.
너의 세계는 너. 나는 나의 세계.

손톱만 한 것들 사이에서 넌 십 척 키의 시인. 뚱뚱!
꺼져! 손톱만 한 것 하나 여기 소나무 사이에서 발끈,

발끈하며 애팔래치아 콧소리 겨냥하니,
똥똥한 아즈칸도 그의 후후거림도 두렵지 않다.

항아리 일화

나는 항아리 하나 테네시에 놓았다,
둥근 이 항아리를, 언덕 위에.
그러자 너저분한 황야
언덕을 에워쌌다.

황야는 언덕을 오르더니,
둘레로 뻗어가 야생의 상태 사라졌다.
항아리 땅에 놓인 모습 둥글고
큰 키에 허공으로 난 창구 하나.

항아리 방방곡곡 통치하기에 이르렀다.
회색빛에 헐벗은 모습.
새 또는 덤불과는 관련 없어 보였다,
테네시의 다른 어떤 것과도 달리.

아가들 궁전

믿지 않는 그자 달 밝은 이곳을 걸었다
손으로 두드려 천사를 새긴 문 밖을,
벽에 얼룩진 달빛을 관찰하며.

노란빛 고요한 표면을 가로지르며 흔들리거나
첨탑 위에 앉아 빙글빙글 도는 동안
그는 흥얼거리는 소리 그리고 잠을 상상했다.

걷는 그자 달빛 속을 홀로 걸었고
건물의 텅 빈 창문 하나하나마다
그의 외로움 그리고 그의 생각을 가로막았다.

일렁이는 어느 방에서 아가들 나온다면,
꿈속 어린 날개에 가까이 이끌려,
그건 밤이 자신의 주름 속에서 아가 젖 먹였기 때문.

밤은 그를 젖 먹여 보살피지 않아, 그의 어두운 머릿속
검은 새 기어오르는 날개 회전하며,
그의 고독 가혹한 고통으로 만들었다.

걷는 그자 달빛 속을 홀로 걸었고
마음속에서 그의 믿지 않음은 차갑게 누웠다.
챙 넓은 모자 그의 두 눈 가까이 내려왔다.

개구리는 나비를 먹고. 뱀은 개구리를 먹고. 돼지는 뱀을 먹고. 사람은 돼지를 먹고

사실이 그러하다 강줄기들 돼지처럼 킁킁대며
둑에 매달려대니 마치
졸고 있는 여물통 속 지루한 아랫배 소리 같았다는 것,

대기는 이러한 돼지 숨소리로 무겁게 가득 찼다는 것,
부풀어 오른 여름의 숨소리로 그리고
천둥의 드르릉쾅으로 무겁게,

이 오두막집 짓고 이 밭
일구고 또 잠시 가꾸었던 이
이미지의 얄궂음 알지 못한 것,

그가 보낸 게으르고 메마른 나날의,
강둑의 킁킁거림
졸음 그리고 드르릉쾅으로 기괴해진 시간들,

그의 메마른 존재를 빨아대는 듯했다는 것,
돼지 같은 강줄기 스스로를 빨아대며
바다 향해 바다 어귀로 나아갈 때.

버드나무 아래 재스민의 아름다운 사색

나의 간들거림에는 각주가 없어
남는 기록은 특유의
음악 속 몇 소절.

사랑이 옮겨가는 방식이
구식으로 횃불처럼 타오르지 않고
스스로의 기이함에 골똘한다면

그것은 마치 선명한 불안
말 없는 석고 너머 혹은
황홀의 종이 기념품 너머 더없는 행복에 대한 불안,

외양 밑에 수몰된 더없는 행복에 대한 불안,
내면의 대양 변덕스럽고 기나긴
푸가와 합창곡으로 흔들리는데.

로젠블룸을 위한 장례 행렬

이제 속 꼬인 그자 로젠블룸 숨 거두어
까탈스런 상여꾼들 걸음 걷는다
백 개의 다리로, 죽음의
걸음 걷는다.
로젠블룸이 죽었다.

쭈글거리고 뿔색 띤 이를
그들은 메고 간다
침울한 언덕으로
발 맞춰 걸으며
죽은 자를 위하여.

로젠블룸이 죽었다.
상여꾼의 걸음은 언덕에서도,
멈추지 않고 방향 튼다
하늘을 향해.
그의 몸 하늘로 지고 간다.

인간혐오자의 젖먹이 자식들
그리고 공허의 젖먹이 자식들

그들이 걷는다
나무 깐 오르막길
죽은 자 오르는 길.

그들 터번 두르고
털장화 신고
널빤지 밟으며 간다
서리 내린 지역에서
서리를 둘러보며,

치르르 징소리
지저귀는 울음소리
그리고 그들이 걷는
끝없는 걸음의
묵직한 툭툭 소리에 발 맞춰,

로젠블룸의
엄격한 산문의
강렬한 시의
쩽그렁대는 죽음의 소리

그리고 뒤죽박죽된 말에 발 맞춰.

그리고 그곳에 그를 묻는다
몸과 혼을
하늘 위의 자리에.
통탄할 발걸음!
로젠블룸이 죽었다.

문신

이 빛 거미와 같다.
물 위 기어간다.
쌓인 눈 가장자리 기어간다.
그대 눈꺼풀 밑을 기어
그곳에 망을 친다 —
두 개의 망.

그대 눈의 망
그대 살과 뼈에
붙는다
서까래 혹은 풀잎에 붙듯이.

그대 눈의 실 가닥
물 표면에도 있고
쌓인 눈 가장자리에도 있다.

예리한 구릿빛 발톱 지닌 새

앵무새들의 숲 위로
앵무새 중 앵무새 부상한다
수많은 꼬리 중 생명의 점 하나.

(열대의 기본 요소들 주위를 둘러싸고 있다,
상아빛 알로에, 녹빛 껍질의 배.)
이 새의 눈꺼풀 하얀 이유는 눈이 멀었기에.

앵무새 중 낙원은 아니지만
황금 창공 아래 금빛 경찰관,
그럼에도 거기서 곱씹으며 꼼짝 않고 앉아 있다.

위풍당당 당당하게 새의 꼬리
초록 퍼진 모양으로 위로 밖으로 배치되고,
부리 끝 폭풍 가득한 물 한 방울.

새의 순수한 지성이 원칙 내세워
요동치는 기운이 물결치더라도
새는 그 예리한 구릿빛 발톱 움직이지 않는다.

비록 마른 껍데기 우적우적 씹으며 자신의 의지
실행해도 이 완벽한 수컷, 결코 타오르기를
멈추지 않는다, 햇빛 창백한 돌부리 딛고.

삶은 움직임

오클라호마에서
보니와 조시
무명옷 입고
춤추며 그루터기 주위 돌았다.
둘은 외쳤다,
"오호야호,
오후우"…
살결과 공기의
혼인 축하하며.

방향 바꾸는 바람

바람은 방향을 이렇게 바꾼다,
여전히 간절한
또한 절망에 찬 생각하는
한 늙은 인간의 생각처럼.
바람은 이렇게 방향을 바꾼다,
환상을 품지 않은,
여전히 자신 안의 비이성적 감정을 느끼는 한 인간처럼.
바람은 이렇게 방향을 바꾼다,
자랑스럽게 다가가는 인간처럼
분노에 차 다가가는 인간처럼.
바람은 방향을 이렇게 바꾼다,
무겁고 무거운,
그러나 상관 않는 그런 한 인간처럼.

폴란드 이모와의 대화

> 그녀는 천국의 전설도 폴란드의 옛이야기도 모두 알고 있었다.
> —『르뷔 데 되 몽드』

그녀
어째서 나의 보라기네 성인들에,
자수 장식 슬리퍼 신은 그들 모습에, 너는 울화가 치밀지?

그
늙은 광대들, 봄의 보모이니까요!

그녀
상상력은 사물의 의지인 법….
그렇기에 너는 천한 일꾼을 보고,
인디고를 두른 여자들 꿈꾸는구나
가까운 별들을 향해 책 펼쳐 든,
불타는 비밀 비밀리에 읽으려는 그녀들….

미련퉁이 노래

저 기이한 꽃, 태양이라는 것,
네 말일 뿐.
맘대로 생각해.

세상은 추잡하고
사람들은 한심해.

저 정글 깃털 다발
저 동물 눈
네 말일 뿐.

저 불의 야만
저 씨앗
맘대로 생각해.

세상은 추잡하고
사람들은 한심해.

진한 보랏빛 밤의 두 형상

나 차라리 호텔 짐꾼 품에 안기겠어
저 달빛에서 받아낼 수 있는 것이
그대의 축축한 손뿐이라면.

내 귓속 밤의 목소리 그리고 플로리다가 되어줘.
어스름한 단어와 어스름한 이미지로.
그대의 말 어둡게.

말을 해줘, 이렇게까지, 마치 내가 그대의 말을 듣지 못한 채
나의 마음 안에서 그대 완벽하게 대변한 듯,
단어들 품으며,

밤이 침묵 속에서 바닷소리 품으며
그 웅웅거리는 속삭임으로
세레나데 만들어내듯.

이렇게 말해줘, 유치하지만, 독수리는 마룻대 위에 쪼그린 채
잠을 잔다고, 한쪽 눈은 별들이 키웨스트 아래로
떨어지는 걸 지켜보며.

이렇게 말해줘, 늘어선 종려나무 완전한 파랑으로 투명하다고,
투명하고 모호하다고, 이제 밤이라고,
달이 빛난다고.

가설

나는 내 주위의 모든 것.

여자들은 이를 잘 안다.
공작부인일 수 없다는 걸
마차에서 백 걸음 떨어져서는.

이것은, 그렇다면 초상화.
검은색 현관 하나
커튼으로 싸인 높은 침대 하나.

이것은 모두 예시일 뿐.

상상의 음악 속 그대에게

자매이자 어머니이자 사랑의 예언자
살아 있는 사자死者의 자매애 속 그대
가장 가깝고 가장 선명한 그대 그리고 가장 선명한 꽃송이
향기로운 어머니로부터 온 가장 소중한
여왕 또한 사랑의 예언자 한낮이자
불꽃이자 여름이자 달콤하게 타오르는 불, 명성 높은 독
품은 그대의 가운, 구름빛 은색 실오라기 하나
섞이지 않고 그대 머리 위에는
어떤 왕관도 그대 간소한 머리카락만큼 간소하지 않네.

자, 우리를 바람과 바다와 분리하는
동시에, 이 땅이 우리와 너무나 닮아
비대한 모형, 복제품이 될 때까지
우리를 그 안에 있게 하는,
그런 우리 탄생으로 소환된 음악 중 그 어느 것도
그대의 음악만큼 우리의 불완전함에서 초래한
가장 희귀한, 고요한 완전을,
또는 그대 공들여 걸친 직조 속
밀접한 기운을 가능케 하지 못하네.

인간은 자신을 너무 자주 잊기에
　가장 강렬한 음악은 가까운 것을,
　선명한 것을 선포하는, 가장 선명한 꽃송이를 내세우는 음악이기에,
　또한 모호함을 사색하는 모든 기도 중에서
　가장 깊은 이해 가능케 하는 건
　태양의 순수한 향료, 가지, 수풀 향 나는 덩굴 가운데
　어떤 분명한 이미지를 보고, 또 그대를 이름 짓듯이
　이름 짓는 것, 그 이미지 속
　우리와 가장 닮은 모습 스스로에게 선사하네.

　지나치게 닮지는 않았지만, 지나치게
　가깝거나 지나치게 선명하지는 않도록, 조금은 아껴
　우리의 가장假裝에 낯선 닮지 않음 부여해 이로부터
　천상의 연민이 선사하는 다름 나오도록.
　이것은, 악사여, 그대 조인 거들 속에
　다른 향기 품고 있기 때문. 그대 창백한 머리에는
　천을 꼬아 치명적 보석 박은 띠를 둘러라.
　비현실이여, 그대가 앞서 주었던 그것 돌려 달라,
　우리가 거부하고 또 갈망하는 상상력을.

수박 정자에서 들려오는 송가

어두운 오두막에 사는 그대에게
수박은 항상 보라색이고
그대의 정원은 바람 그리고 달

낮과 밤이라는 두 개의 꿈 중
어떤 연인, 어떤 몽상가가 과연
잠으로 모호해진 꿈을 고를 것인가?

여기 그대 문 앞에 플랜테인
그리고 시계보다 먼저 울어댄
빨간 깃털의 가장 빼어난 수탉.

어느 아낙 올지 모르오, 잎새 같은 초록 품고,
그녀의 다가옴이 가져올 신명은
수면의 신명 능가할 것,

분명, 그리고 검정새 꼬리 펼쳐
큰소리로 삑삑대는 동안
해에 반점 입혔네.

어두운 오두막에 사는 그대,
일어나라, 일어남이 잠 깨우지는 못하기에,
그리고 환호하라, 환호를 외쳐라, 환호를 외쳐라.

건반 연주하는 피터 퀸스

I
나의 손가락 이 건반 위에서
음악을 만들 듯, 동일한 소리
나의 영혼에 닿아 음악을 만든다.

음악은 그렇다면 소리가 아닌 느낌,
그리고 따라서 내가 여기 이 방에서
느끼는 것, 그대를 원하며,

그대의 파란 그림자 드리운 실크 생각하며
느끼는 것이 바로 음악. 수산나가
두 원로 안에서 일깨운 가락도 그런 것.

맑고 따뜻한 초록빛 저녁,
수산나 고요한 정원에서 몸 씻는 동안
두 원로 벌건 눈으로 지켜보며

두 존재의 저음 매혹적인
화음으로 고동치는 것, 가녀린 피
호산나를 피치카토로 뿜어내는 것을 느꼈다.

Ⅱ
맑고 따뜻한 초록빛 물속에
수산나 누웠다.
샘물의 손길을
살피니
숨겨진 상상을
찾았다.
그녀 한숨 쉬었다,
넘치는 멜로디에.

강둑 위에 섰다,
소진된 감정의
서늘함 속에.
잎새 사이로 그녀가 느낀 건,
오래된 기도의
이슬.

풀밭을 걸으며
여전히 몸을 떨었다.

바람은 하녀 같았다,
소심한 발걸음으로
직물 스카프 가져오며
떨고 있는.

수산나 손에 닿은 숨결 하나
밤의 소리를 죽였다.
돌아서니 —
심벌즈 쨍그렁
호른의 으르렁.

III
곧이어 탬버린 같은 소리 내며
비잔틴인 하인들 돌아와

의아해했다 왜 수산나
두 원로 옆에서 흐느끼는지,

하인들 속삭임의 선율
마치 비에 휩쓸린 버드나무와 같았다.

이윽고 초롱 속 바짝 선 불꽃
수산나 그리고 그녀의 수치 드러냈다.

그리고 히죽거리는 비잔틴인들
사라졌다, 탬버린 같은 소리 내며.

IV
아름다움이란 생각 속에서는 순간적이나 —
어떤 관문의 발작적 투사에 가깝기에
실물은 불멸한다.
몸은 죽지만 몸의 아름다움은 살아간다.
그리하여 저녁은 죽어간다, 초록빛으로 사라진다,
끝없이 흐르는 하나의 물결.
그리하여 정원은 죽어간다, 온화한 숨결로
겨울 두건 냄새를 감지하고 회개 마친 뒤.
그리하여 아씨들 죽어간다, 어느 아씨의 합창에
보내는 서광 같은 축하에 맞춰.
수산나의 음악 허연 두 원로의
음탕한 현絃에 가닿았지만 도망쳐

죽음의 아이러니한 부스러기만을 남겼다.
이제 그 음악 불멸 속에서,
선명한 기억이라는 비올을 연주하여
찬양의 변치 않는 성례 올린다.

검정새를 바라보는 열세 가지 방법

Ⅰ
스무 개의 눈 덮인 산봉우리 사이
움직이는 물체 단 하나
검정새의 눈.

Ⅱ
나의 생각 셋으로 나뉘어
마치 한 그루 나무에
검정새 세 마리 앉아 있듯.

Ⅲ
검정새 가을바람 속에서 빙글빙글.
팬터마임의 작은 한 부분.

Ⅳ
한 남자와 한 여자는
하나.
한 남자와 한 여자와 검정새 한 마리는
하나.

V
나는 어느 것을 선호할지 알 수 없다,
어조의 아름다움
아니면 암시의 아름다움,
검정새의 삑삑 소리
아니면 그 바로 뒤.

VI
긴 유리창을 고드름이
야만적 유리로 가득 채웠다.
검정새 그림자
창을 가로질러 왔다 갔다 했다.
이 분위기가
그림자 속에서 추적한
해독 불가한 명분.

VII
오 이곳 해덤의 깡마른 남자들이여,
어째서 금빛 새를 상상하는가?
눈앞에 보이지 않는가

검정새 그대 주위
여인들 발 주변을 도는 것이?

VIII
나는 고귀한 억양을
그리고 피할 수 없이 명쾌한 리듬을 알지만
이것 역시 안다,
검정새가
내가 아는 것과 관련 있다는 걸.

IX
검정새 시야 밖으로 날아가
여러 원 중 하나의
가장자리를 표시했다.

X
검정새 녹색 빛 속
날아가는 모습 보면,
아름다운 음조 내세우는 뚜쟁이마저
날카롭게 외칠 것이다.

XI
그는 코네티컷을 건넜다
유리 마차 타고.
한번은 어떤 공포에 찔려
오인했다
마차 그림자를
검정새로.

XII
강이 움직인다.
검정새 날아가는 것이 분명하다.

XIII
오후 내내 저녁이었다.
눈 내리고 있었고
눈 내릴 예정이었다.
검정새 앉아 있었다
삼나무 가지 사이에.

절묘한 방랑자

플로리다의 거대한 이슬
커다란 지느러미의 종려나무와
분노에 차 삶을 좇는 초록 덩굴
세상에 내고

플로리다의 거대한 이슬
바라보는 이,
찬송에 이은 찬송 세상에 내며,
그가 바라보는 모든 초록 면
또 초록 면의 금빛 면,

그리고 축복에 찬 아침들,
어린 악어의 눈과
색색의 번갯불에 적절하기에,
내 안으로 날아든다,
형체, 불꽃 그리고 불꽃 쪼가리.

인두가 좋지 않았던 남자

한 해의 절기는 이제 무관심해졌다.
여름의 흰 곰팡이, 깊어지는 눈
둘 다 내가 아는 일상에선 비슷하다.
갇힌 이 상황 속에 나는 말문 막힌다.

하지와 동지에 수반되는 바람은
식민제국 창 덧문 위로 불지만,
그 어느 시인의 잠도 깨우지 않은 채 마을의
원대한 구상 알린다.

되풀이되는 일상의 병폐….
만약 겨울이 단 한 번이라도
여러 보랏빛 결을 뚫고 얼어붙은 연무 속
황량하게 버티는 마지막 판자에 닿을 수만 있다면,

그렇다면 소심함 조금 떨치고
흰 곰팡이에서 깔끔한 곰팡이 뽑아내
추위에 대한 새로운 연설 싹 틔울 수 있을지도.
그럴지도. 그럴지도. 그러나 시간은 결코 누그러들지 않으니.

어느 병사의 죽음

삶은 수축하고 죽음의 예상은
가을의 절기와 같다.
병사 쓰러진다.

삼 일간 저명인사 되어
분리를 요구하지도
성대함을 주문하지도 않는다.

죽음은 절대적이고 추모비도 없어
가을의 절기 한가운데
바람이 멈출 때와 같다,

바람이 멈추고 저기 하늘 너머
구름들 기어코
가는 길 가는 때.

부정

안녕! 창조주는 너무 눈이 멀어
조화로운 완전체 향해 발버둥 치며
중간 단계 부품,
골칫덩어리, 가짜, 잘못 모두 거부한다,
모든 힘을 주관하는 무능한 주인이자
너무나 모호한 이상주의자, 집요한
영감에 압도당하는 자.
그렇다면 우리는 이를 위해 짧은 생을 인내하는 셈,
저 세심한 옹기장이 엄지에서 나온
무상한 대칭.

초인의 놀라움

객실 청소부 사는 정의의 궁
늘어선 열주가 지평선을 덮는다.

초인간성 속에서 길 잃었다면
우리 비참한 나라 곧 제대로 설지도.

어째서인지 이 나라 왕들의 용감한 격언 덕에
우리 결함투성이 인간의 것 더욱 엉망이 되기에.

구름 가득한 바다 표면

I
그해 11월 테우안테펙 근해에서
어느 밤 바다의 철썩임 고요해져
아침이 오자 여름이 갑판에 색을 입혀

장밋빛 초콜릿 그리고 금박 우산
생각나게 했다. 낙원 같은 녹색으로
바다라는 당혹에 찬 기계

온화함 입고 담수처럼 누워 있었다.
그렇다면 누가 그 진미의 위도에서,
그 빛으로, 움직이는 꽃 키웠나,

그렇다면 누가 바다꽃 피웠나, 저 태평양의
고요 속 위안 퍼뜨리는 저 구름에서?
그건 바로 나의 아이, 나의 보석, 나의 영혼.

바다구름은 고요에서 멀리 내려와 하얗게 변해
움직였다, 꽃이 움직이듯, 유영하는 초록
그리고 물기 가득한 광채 속에서 움직이는 동안 천상의

빛깔 고풍스럽게 비춰 저 함대 주위
뒹굴었다. 또한 가끔 바다는
반짝이는 파랑 위로 눈부신 홍채 부었다.

II
그해 11월 테우안테펙 근해에서
어느 밤 바다의 철썩임 고요해져
아침 식사 중 젤리 같은 노랑 갑판에 줄무늬 입혀

스테이크집 초콜릿 그리고 장식용 우산
생각나게 했다. 장식 같은 녹색으로
바다라는 팽팽한 기계 여름다움

덮어쓰고 불길한 평평함 속 누워 있었다.
그렇다면 누가 구름의 상승 바라보았나
저 악의에 찬 광택에 잠겨 성큼성큼 내딛는 구름을,

누가 거대하게 죽어가는 물의
꽃 물바닥에서 움직이는 것을 보았나?

그건 바로 나의 하늘 형제, 나의 삶, 나의 황금.

큰 소리로 징이 울리자 바람의 쾅쾅거림
컴컴해진 대양의 꽃 사이에서 야유했다.
징소리 가라앉고, 파란 천상이

수정 같은 삼각 궁륭을 바다에 펼치자
물 위 어둠의 섬뜩함
어마어마한 파상 그리며 사라졌다.

III
그해 11월 테우안테펙 근해에서
어느 밤 바다의 철썩임 고요해져
창백한 은빛 갑판에 문양을 입혀

백자빛 초콜릿 그리고 파이 모양 우산
생각나게 했다. 불확실한 녹색
피아노 같은 윤 내며 바다라는 무아지경의

기계 지탱했다, 전주곡이 지탱하고 지탱하듯.

누가 하얀 꽃봉오리 은빛 꽃잎 물속에서
펼쳐지는 모습 보고 이 짜디짠 등대풀 깊은 곳

흰 젖이 담겼음을 확신한 그때
가라앉은 구름 속에서 바다가 펼쳐지는 모습 보았나?
오! 그건 바로 나의 황홀 그리고 나의 사랑.

너무 깊이 가라앉아버려 그 수의 같은 장막,
장막 같은 그림자로 꽃잎은 검정으로 변한 뒤
굴러가는 하늘 만나 파란색 되어,

비 내리는 히아신스보다 더 파란,
이윽고 잎새의 크레바스 내리쳐
대양 사파이어 파랑에 잠겼다.

IV
그해 11월 테우안테펙 근해,
밤새 철썩이던 바다 고요해졌다.
어저귀꽃 색 아침이 갑판에서 졸고 있어

머스크 향 초콜릿 그리고 부서질 듯한 우산
생각나게 했다. 지나치게 유창한 녹색
악의 암시했다, 바다라는 건조한

기계 속, 축축한 책략 구상하며.
그렇다면 누가 구름의 형상 바라보았나
탁한 바닷속 고립된 꽃송이인 듯?

꽃송이? 교미 중 느슨해진
거들에서 벗겨낸 다마스크 천인 듯.
그것이 나의 믿음, 신의 무관심.

그 벌거벗은 몸 일으켜 갑자기 턱수염의
소금 가면 그리고 고함치는 입 돌려놓고,
그렇게 하려 했지만 — 더욱 갑자기 하늘은

가장 파란 바다구름 사색하는 초록에 굴렸고,
벌거벗은 몸 가장 넓게 퍼진 꽃송이 되어
한참 늘어선 어저귀꽃은 어저귀해가 구슬렀다.

V
그해 11월 테우안테펙 근해
밤은 바다의 철썩임 고요히 잠재웠다. 낮이
갑판에 와 굽실거리며 떠들어댄다,

훌륭한 광대…. 중국산 초콜릿과
커다란 우산이 생각났다. 얼룩덜룩 초록이
바다라는 비대한 기계의 기류

따라갔다, 게으름 속 완성되어.
어떤 기발하고 절묘한 연둣빛이
바라보았나, 자주적 구름을 마술로,

또 바다를 접시 던지는 솜씨 깔끔한
터키석처럼 파란 터번 쓴 광대 삼보로 — 구름 낀 주술의 바다를?
그것은 나의 잡종 영혼, 이 치욕.

자주적 구름 무리 지어 몰려왔다. 충성스러운
주술의 고동 승리 거두었다. 초록 꽃송이
바람 방향 틀어 얼룩덜룩 빛깔 투명한

유백광으로 맑아졌다. 그러자 바다와
하늘 하나 되어 굴러 이 둘에서 나온 것
가장 신선한 파랑의 신선한 변모.

혁명가들 가던 길 멈추고 오렌지에이드 마시다

까삐딴 프로푼도, 까삐딴 젤로쏘,
우리더러 햇살 아래 서서 노래하라 마시오,
털 수북한 등판에 불뚝한 팔
달라붙은 갈비뼈에 눈 밑은 처진 이 꼴로.
음악은 핵심이 없소
가짜일 경우는 예외지만.

벨리씨모, 뽐뽀쏘,
뱀의 친족에 대해 노래하라,
천 개의 잎새 사이 여러 개의 목
그 열매 감싸는 여러 개의 혀.
노래하라, 우스꽝스런 장화
끈 조여 묶고 버클은 광내어.

가면의 반바지 입고,
코트 반은 플레어 반은 걸룬 장식,
이유 없이 헬멧도 써라,
술을 달아 비스듬히 빙빙 돌리고 비틀어서.
노래 시작할 때 목소리는
맷돌보다 거칠게.

눈가에 깃털 하나 달고
고개 끄덕이며 표정은 조금 능글맞게.
반드시 연민을 뿜어라,
쓰라린 현실 담은,
씁쓸한 산 자들 그린
더욱 진실된 노래보다 더욱 깊이 있게.

뉴잉글랜드 운문 몇 편

I

화자를 포함한 온 세상

헤라클레스가 가졌던 구상에 대해 웬 잔소리인가, 돈 돈?

감각을 넓혀 보게. 태양 속의 모든 것은 태양이라네.

II

화자를 제외한 온 세상

달 뜨고 지는 사이 내가 알게 된 것은

세상이 둥글다는 것. 내가 야기한 일은 아니지만.

III

진주 넣고 끓인 수프

건강이여, 생강과 프로마주가

빈곤과 부의 무시무시한 대립을 홀릴 때.

IV

진주 빼고 끓인 수프

난 38년에 웨스턴헤드호 타고 건너왔지.

 그건 어느 방향으로 건넜는지에 달렸죠, 차 따르는 아가씨가 말했다.

V

공책 들고 온 보스턴

야윈 몸의 백과전서파들이여, 일리아드 한 편 적어보시오.

1페니 종이 묶음에 한 세계관 담겨 있소.

VI

공책 없이 온 보스턴

여기 강 유역에 우뚝한 분수 하나 세우기로 하오.

연못 물 마시고 자라, 그 영혼 물기 가득 머금은 산 갈망하오.

VII

열대의 예술가

약사 포이보스의 첫 번째 축복,

복 받은 자, 그는 조국의 다수.

VIII

북극의 예술가

또한 재단사 포이보스의 두 번째 격언은

복 받은 자, 그의 수염은 내리는 눈 막아주는 망토.

IX
맑은 하늘 아래 조각상
소금기 머금은 외침 위 잿빛 절벽에 선 잿빛 사내,
오 건강하고 견고한 파랑을 이끄는 잿빛 제독이여….

X
흐린 하늘 아래 조각상
비계와 기중기 갈대밭에서 몸 일으켜 구름을 향하며
형체 없는 무리로 움직이는 사람들의 의지에 대해 명상한다.

XI
메뚜기의 땅
그대, 이행연구二行聯句의 후원자이자 아버지, 걸어가라
향기로운 잎 사이로, 열기의 무게 지녔으나 말은 날렵하니.

XII
소나무와 대리석의 땅
문명은 파괴되어야 한다. 북녘의 털북숭이 성자들
불평으로 이 부스러기 얻어낸 것.

XIII

남자 누드

음울한 냉소가여, 내키는 대로 벗고 씻고 햇살을 누려라.

모자도 띠도 없어도 그대는 여전히 냉소가.

XIV

여자 누드

발라타 졸고 있었다 집에서 밀짚 장의자에

시원하게 누워, 약간은 기막히게 늘씬한 창부처럼.

XV

시든 장면

가을의 보랏빛 드레스와 종탑 숨을 뱉어

학술적 죽음이 암시하는 가을의 이별 전한다.

XVI

꽃핀 장면

완벽한 분위기 속 완벽한 열매 하나.

피나코테크로서의 자연. 쉿! 수탉….

달의 환언

달은 비애와 연민의 어머니.

11월의 더욱 지친 끝에 도달하여
늙은 달빛 나뭇가지 따라 움직이며
미약하게 그리고 천천히 가지에 의지하게 되는 때,
예수의 몸 창백하게 매달려
인간으로 가까워지고 마리아의 형상
썩어 떨어진 잎새로 만든 피신처에서
흰 서리의 손길에 움츠러드는 때,
저기 주택가 위로 황금빛 환상
앞서간 조용한 계절과 마음 잠잠해지는 꿈을
어둠 속 잠자는 이들에게 되돌려주는 때 ―

달은 비애와 연민의 어머니다.

단조로움의 해부

I
우리 이 땅에서 왔다면, 그 땅은
자신이 키우는 모든 것의 일부로
우리를 낳았고 그 땅은 지금보다 음탕한 곳이었다.
우리의 천성은 이 땅의 천성. 그리하여
천성에 따라 우리는 늙어가기에 땅 역시
그렇게 변한다. 우리는 어머니의 죽음과 병행한다.
어머니 걸어가는 가을은 바람이 우리에게
불어대는 칭찬보다 풍성하고 여름의 끝에서
영혼을 찌르는 서리보다 차가워
우리 하늘 헐벗은 공간 저 너머
굽히지 않는 더욱 헐벗은 하늘이 보인다.

II
그 몸 태양 아래 벌거벗은 채 앞으로 걸어가자
태양은 다정한 혹은 비탄의 마음으로
위안 건네 다른 몸들 오게 하여
우리의 환상 우리의 장비와 결합시키고,
자유자재의 움직임, 접촉, 소리에 능하여
그 몸 더욱 멋진, 더욱 확고한 화음의

욕망을 욕심내도록 했다.
그렇다면 그럴지다. 그러나 그 광활함과 빛
그 안에서 몸이 걷고 또한 기만당했음에도
저 치명적이고도 더욱 헐벗은 하늘에서 추락하여
이를 본 영혼 비탄에 빠진다.

공공 광장

각진 검은 조각 사선 하나
마치 달의 코마 속
파란 경사가 받치고 있는
균열 간 건물 닮았다.

사선 하나 그리고 건물 넘어지고
철탑과 기주도 무너졌다.
산처럼 파란 구름 하나
그 안으로 무너진 그것처럼 떠올랐다,

천천히 무너지는 모습 마치 한밤중
지쳐 늘어진 청소부가 등불 들고
열주 사이로 지나갈 때
건축물 넋을 잃듯.

쌀쌀하고 고요해졌다. 그러자
광장 점점 비워졌다.
아틀라스의 보석 저 달이
드리운 백자 같은 추파를 마지막으로.

한스 크리스티안에게 바치는 소나티나

어느 개울의 어느 오리 한 마리
당신의 빵 부스러기 좋아
물속에서 첨벙거리는
기댈 곳 없는 딸이라면

그 어머니
딸 낳은 것 후회하거나
또는 다른 어머니
메마른 몸으로 딸 그리워한다면,

저 비둘기는
아니면 지빠귀는 아니면 다른 노래하는 신비는 어떠한가?
저 늘어선 나무는
그리고 나무들의 억양은 어떠한가?

별에 빛을 비추고 또 거두는
밤은 어떠한가?
이제 알겠는가, 한스 크리스티안,
밤이 눈앞에 보이는 지금?

이 맑은 포도의 계절에

우리의 대지와 바다 사이의 산 —
산과 바다와 우리 대지의 합 —
나는 한 번이라도 멈춰 서서 그 의미 생각해보았나?

우리의 대지 떠올릴 때 내가 떠올리는 것은 그 집
그리고 배 한 접시 올려놓은 탁자
초록에 주홍 문지른, 눈치레로 꾸민 장면.

그러나 둥글게 구르는 청동빛 아래 이 짙은 파랑은
신중하게 선택한 붓질 하찮게 만든다.
더 호화로운 열매로! 해와 달은 동전 던지기로,

그 이상의 의미 없다면. 그러나 의미가 있다.
산과 바다도 그 이상의 의미가 있다. 우리의 대지도.
저 엄청난 서리도 여우의 울음소리도.

훨씬 큰 의미가. 가을의 오솔길
바위 그림자 드리워지고
그의 콧구멍 소금 뿜어 한 사람 한 사람 에워싼다.

노퍽의 두 사람

여기 묘지 잔디를 깎아, 검둥이 자식들
표지랑 묘비명 알아두고
저기 도금양나무 밑에는 누울 자리 비워둬.
여기 이 해골은 딸이 하나, 저기는 아들 하나.

여기 이자는 살아생전 내세울 게 별로 없어
머릿속 제일 부드러운 단어가 덜커덩 쾅.
그에게 달은 항상 스칸디나비아에 있고
딸은 이질적인 물건이었어.

그리고 저기 저자는 인정 있는 사람이 못 됐어.
아들을 만든 것도 하나의 의무였을 뿐.
그 아이의 음악이 분수처럼 쏟아졌을 때도
요한 제바스티안을 칭찬했지, 그럴 만하다는 듯.

장례에 잘 어울릴 목련의 어두운 그림자
자만다와 칼로타의 노래로 가득 차 있지,
이 어둠으로 오는 아들 그리고 딸
그는 그녀의 타오르는 가슴을 찾아 그녀는 그의 품을 찾아.

두 사람 이렇듯 여름 가득한 대기에서는 절대 만나지 않고
키스와 키스 사이 도피 없이는
절대 서로 만지지도, 가까이 만지지도 않지.
누울 자리 하나 만들고 붓꽃은 그 안에 두어라.

인디언 리버

 무역풍 불어오는 인디언 리버 부둣가 시렁에 걸친 그물 속 고리 댕그랑거리는 소리.
 키 작은 야자수 늘어선 제방 아래 나무뿌리 들락거리는 물소리 같은 댕그랑,
 측백 숲에서 오렌지 나무로 가슴 치켜 날아오르는 피리새 노래 같은 댕그랑.
 그럼에도 플로리다에 봄은 없다, 뒤덮인 덤불 속에도, 회랑 같은 해변에도.

차

공원의 코끼리귀나무
서리 맞아 쪼그라들어
그 잎새 산책길을
쥐 떼처럼 달려갈 때,
그대의 등불
바다색과 하늘색으로
빛나는 베개 위로 떨어진다,
자바의 우산처럼.

으르렁대는 바람에게

그대 어떤 음절 찾는가,
가장 빼어난 소리 내는 이여,
잠 속 저 먼 곳에서?
말하라.

주註

거인에 맞선 음모
3연 1행. Oh, la⋯ le pauvre!

바다의 공주
제목. Infanta Marina

우리 아저씨 외알 안경
제목. Le Monocle de Mon Oncle

윌리엄스에 의한 주제의 뉘앙스 두 편
1, 2연 윌리엄 칼로스 윌리엄스의 시 「그 사내El Hombre」 전문 인용.

여기 묘사된 인물은 성녀 우르술라와 동정녀 일만 일천 명
제목. Cy Est Pourtraicte, Madame Ste Ursule, et Les Unze Mille Vierges

난쟁이 그리고 아름다운 별
제목. Homunculus et La Belle Étoile

설명
1연 1행. Ach, Mutter,
2연 3행. Nein,
2연 4행. Nein.

3연 2행. Liebchen,

초인의 놀라움
1연 1행. palais de justice
2연 1행. Übermenschlichkeit

구름 가득한 바다 표면
샤를 보들레르의 시 「여행으로의 초대L'Invitation au voyage」 시구를 변주하고 있다.
4연 3행. C'était mon enfant, mon bijou, mon âme.
10연 3행. C'était mon frère du ciel, ma vie, mon or.
16연 3행. Oh! C'était mon extase et mon amour.
22연 3행. C'était ma foi, la nonchalance divine.
28연 3행. C'était mon esprit bâtard, l'ignominie.

뉴잉글랜드 운문 몇 편
3연 제목. Soupe Aux Perles
4연 제목. Soupe Sans Perles
15연 제목. Scène Flétrie
16연 제목. Scène Fleurie

옮긴이의 말

월리스 스티븐스가 삼십 년이 넘도록 걸어서 출퇴근을 반복한 미 동부 코네티컷주 단정한 주택가를 떠올린다. 재해와 보장을 셈하는 보험이라는 실재 세계, 그리고 인간 존재의 불가해성을 언어에 담아내는 시라는 '최상의 상상' 속 세계, 이 두 세계를 매일 한 발짝 한 발짝 떼며 오간 오랜 여정을. 거인 같은 키에 정장 차림으로 새와 나무에 눈길 보내며 끊임없이 단어와 구절과 문장을 읊었던 신대륙 시인의 모습을.

세상에 나온 지 한 세기가 다 되어가는 스티븐스의 첫 시집을 한국의 독자들에게 최초로 선보이는 작업 역시 머나먼 두 세계를 오가는 일이었다. 영어와 한국어, 내용과 형식, 해체와 복구, 이해와 복제 사이의 강은 넓고도 깊다.

"진짜 시는 이해되기에 앞서 소통한다." 하루에도 몇 번씩 집어 드는 핸드크림 튜브에 인쇄된 문장이 며칠 전에야 눈에 들어왔다. 이 책을 번역하는 내내 씨름하던 문제가 이렇게 코앞에, 사소하게, 깨알 같은 글씨로 적혀 있다니.

그렇다면 나는 시 번역자로서 무엇을 어떻게 소통하려 하나?

일상의 당연한 일부인 양 자신을 드러내는 이 오래된 모더니즘 선언 덕분에 다시 용기를 내본다. 시를 시로 번역할 용기, 이 시들을 귀와 상상을 통해 만나는 길로 안내할 용기. 바람 소리 모아 풍금 연주하듯, 이 책의 제목처럼.

스티븐스의 이상하고 아름다운 유산을 내 손으로 직접 한 조각 한 조각 옮기는 작업에 수십 년간 그를 읽고 해석한 여러 학자들이 고마운 길잡이가 되어주었다. 소중한 동반자인 편집자 두 분에게도 감사한다.

2020년 7월
정하연

**편집
후기**

 번역가 선생님을 처음 만나러 가는 날에는 비가 왔다. 계속 흐리멍덩한 흐림이었으면 좋았을 텐데, 버스에서 내리자마자 비가 떨어졌다. 우린 우산이 없었지만 약속 장소에는 무사히 잘 도착했다. 정체 모를 우리를 선생님은 따뜻하게 맞아주셨고 우린 이 시집의 원서를 수줍게 내밀었던 것 같다. 그날 선생님과 많은 이야기를 나눴다. 스티븐스에 대한, 시에 대한, 번역에 대한 이야기는 자유롭게 흘러갔다. 그중 다림질 교정에 대한 건 우리를 뜨끔하게 했다. 다림질하듯 구김 없이 문장을 잘 펴는 교정을 이르는 말로 확신할 순 없어도 (그만큼 확신하는데) 편집자라면 누구나 해봤을 짓이다. 그동안 지은 죄가 머릿속을 가득 메웠고 편집이 뭔지 모르겠다는 생각이 들었다. 지금까지 해온 일이 의심스러워진 것이다.
 스티븐스의 시들은 이해의 범위로 쉽게 들어오지 않았는데, 처음부터 그럴 생각도 없어 보였다. 이름 없는 짐승이 방향을 바꿔 이리저리 뛰어다니는 것 같았달까. 잠을 깨우는 외침, 파닥이는 움직임, 으르렁 내뱉는 소리가 되어 몰려들던 시의 순간들. 군중 속에서 빈센틴이 실루엣을 슬쩍슬쩍 내비치며 다가왔던 일. 의외로 가까운 너머에서. 너무 하얗지 않은 초록…. 시를 읽고 편집하는 동안 발밑의 세계가 많이 달라졌다. 타협 불가능한 대상과 매일 대면하는 삶을 온몸으로 떠받치고 있다. 시인이 시를 쓰는 일은 대단한 일이 아니었다.

다시 비다. 비가 이마에 떨어진다. 한여름에. 실내에서?

**미행에서
만든 책들**

1 소설
  마르셀 프루스트
  최미경
  쾌락과 나날

2 시
  조르주 바타유
  권지현
  아르캉젤리크

3 소설
  유리 올레샤
  김성일
  리옴빠

4 시
  월리스 스티븐스
  정하연
  하모니엄

월리스 스티븐스Wallace Stevens는 1879년 미국 펜실베이니아주 레딩의 독일계 가정에서 태어났다. 하버드대학교 진학 후 학보에 다수의 시를 발표했다. 뉴욕법학전문학교 졸업 후 맨해튼에서 변호사로 일하며 1914년부터 본격적으로 주요 문예지에 시를 발표하기 시작했다. 결혼 후 1916년 코네티컷주의 하트퍼드재해보장보험회사로 이직하여 1955년 사망할 때까지 임원으로 재직하며 시인으로서 작품 활동을 이어갔다.

1923년 첫 시집 『하모니엄』을 발표, 총 8권의 시집과 1권의 산문집을 냈으며, 『가을의 오로라』(1951)로 전미도서상을 수상했고 『월리스 스티븐스 시 전집』(1954)으로 퓰리처상과 전미도서상을 수상했다.

에밀리 디킨슨과 월트 휘트먼의 계보를 이어 미국 시인으로서의 정체성과 미학을 구축해낸 대가로, 20세기 후반부터 해럴드 블룸, 헬렌 벤들러 등 주요 평론가들에 의해 꾸준한 재조명 작업이 이어지고 있다.

옮긴이 정하연은 영어와 한국어를 오가며 글을 쓰고 번역한다. 『하버드리뷰』, 『뉴욕타임스』 등에 글을 발표했으며 오정희, 신경숙, 김훈 등의 소설을 영어로 옮겼다. 이화여자대학교 통역번역대학원 교수로 재직 중이다.

월리스 스티븐스
정하연

하모니엄Harmonium

초판 1쇄 발행 2020년 8월 20일	**전화** 070-4045-7249
펴낸곳 미행	**메일** mihaenghouse@gmail.com
출판등록 제2020-000047호	**인쇄 제책** (주)상지사피앤비

ISBN 979-11-967836-5-5 03840

이 도서의 국립중앙도서관 출판예정도서목록(CIP)은 서지정보유통지원시스템 홈페이지(http://seoji.nl.go.kr)와 국가자료공동목록시스템(http://www.nl.go.kr/kolisnet)에서 이용하실 수 있습니다. (CIP제어번호: CIP2020031402)